AUSGEWÄHLTE DOKTORDISSERTATIONEN
DER
LEIPZIGER JURISTENFAKULTÄT.

DER LICENZVERTRAG.

EINE PATENTRECHTLICHE UNTERSUCHUNG.

Von

Dr. jur. et phil. EDMUND KLOEPPEL.

LEIPZIG,
VERLAG VON VEIT & COMP.
1896.

Druck von Metzger & Wittig in Leipzig.

Inhalt.

Quellen- und Litteraturverzeichnis.

Corpus juris civilis.
Code Napoléon.
Das Patentgesetz vom 7. April 1891.
(United States) Patent Laws. April 1885.
46 & 47 Victoria Chapter 57. (25th August 1883.)
Loi du 5 juillet 1844.
La legge 30 ottobre 1859 sulle privative industriali.
Windscheid, Pandekten. 7. Aufl.
Dernburg, Pandekten. 2. Aufl.
Stobbe, Deutsches Privatrecht. 2. Aufl.
Klostermann, Commentar zum Patentgesetz v. 25. V. 77. Berlin 1877.
Kohler, Deutsches Patentrecht. Mannheim und Straßburg 1878.
Rosenthal, Commentar zum Patentgesetz v. 25. V. 77. Erlangen 1881.
Robolski, Theorie und Praxis d. deutsch. Patentrechtes. Berlin 1890.
Seligsohn, Commentar zum Patentgesetz v. 7. IV. 91. Berlin 1892.
Bolze, Übertragung der Ausübung eines Patentrechts. Gruchots Beiträge 38. S. 75ff. 39. S. 1ff. Berlin 1894, 1895.
Entscheidungen des Reichs-Oberhandelsgerichts.
Entscheidungen des Reichsgerichts in Civilsachen.
Entscheidungen in Patentsachen herausg. v. Gareis.
Bolze, Die Praxis des Reichsgerichts in Civilsachen.
Königs, Das Patentsystem der Ver. Staaten v. Nord-Amerika. Berlin 1876.
H. et Ch. Howson, A Brief Treatise on United States Patents. Philadelphia 1876.
Robinson, The Law of Patents for Useful Inventions. Boston 1890.
Agnew, The Law and Practice Relating to Letters Patent for Inventions. London 1874.
Edmunds, The Law and Practice of Letters Patent for Inventions. London 1890.
Allart, De la propriété des brevets d'invention (Traité des brevets d'invention, II). Paris 1887.
Pouillet, Traité théorique et pratique des brevets d'invention et de la contrefaçon (Troisième édition). Paris 1889.
Cottarelli, Le privative industriali. Cremona 1888.

§ 1. **Einleitung.**

Der patentrechtliche Licenzvertrag, d. h. derjenige Vertrag, durch welchen ein Patentinhaber einem Dritten die Erlaubnis giebt, seine patentierte Erfindung gewerbsmäßig[1] zu benutzen, ist bisher in der deutschen juristischen Litteratur noch wenig behandelt worden. Es könnte dies bei der großen Wichtigkeit und Häufigkeit solcher Verträge in der Praxis eigentlich befremdlich erscheinen. Überblickt man indes die vorliegende Rechtsprechung unseres höchsten Gerichtshofes, so findet man, daß auch das Reichsgericht nur in einer im Verhältnis zu der Häufigkeit derartiger Verträge sehr geringen Anzahl von Fällen in die Lage gekommen ist, sich über einen Licenzvertrag zu äußern. Es hat dies wohl seinen Grund darin, daß in den meisten Fällen von den Kontrahenten für Streitigkeiten auf Grund des Vertrages im Vertrage selbst, unter Ausschluß der ordentlichen Gerichte, ein Schiedsgericht vereinbart wird, dem die endgültige Entscheidung dieser Streitigkeiten zusteht.

Um also über die in Deutschland üblichen Formen derartiger Verträge klar zu werden, und im Zusammenhange damit in die Betrachtung ihrer rechtlichen Natur einzutreten, ist es notwendig, praktische Verträge heranzuziehen. Es soll nun in den folgenden Erörterungen versucht werden, auf Grund einer größeren Anzahl seitens der Praxis zur Verfügung gestellter Verträge aus den verschiedenen Gebieten der Technik und unter sorgfältiger Berücksichtigung unserer höchstrichterlichen Rechtsprechung, den in Deutschland herrschenden Rechtszustand festzustellen. Es wird sich dabei als von großem Vorteil erweisen, zum Vergleiche auch die Rechte der großen Industriestaaten heranzuziehen, in denen das Patentrecht schon eine mehr als hundertjährige Vergangenheit hat, die von England, Frankreich und den Vereinigten Staaten von Nord-Amerika.

---

[1] Die nicht gewerbsmäßige Benutzung (zu Studienzwecken etc.) steht Jedermann frei.

§ 2. Die Befugnisse des Patentinhabers nach dem deutschen Patentgesetze.

Die nach dem deutschen Patentgesetze vom 7. April 1891 dem Patentinhaber zustehenden Befugnisse erstrecken sich nach zwei Richtungen:

einerseits ist nach § 4 „der Patentinhaber ausschließlich befugt, gewerbsmäßig den Gegenstand der Erfindung herzustellen, in Verkehr zu bringen, feilzuhalten oder zu gebrauchen;“

andererseits ist dem Patentinhaber nach § 35 „zur Entschädigung verpflichtet“, „wer wissentlich oder aus grober Fahrlässigkeit den Bestimmungen der §§ 4 und 5 zuwider eine Erfindung in Benutzung nimmt.“ Außerdem kann nach § 36 der wissentliche Verletzer auch auf Antrag des Verletzten bestraft werden.

Wird also der Patentinhaber in der ausschließlichen Benutzung seines Patentes gestört, indem ein unbefugter Dritter dasselbe überhaupt gewerbsmäßig benutzt, so steht ihm civilrechtlich gegen den Patentverletzer die Klage wegen Störung des Patentrechts auf Unterlassung dieser Störung — die Negatoria — gestützt auf den § 4 des Gesetzes, zu. Fällt dem Patentverletzer dabei Wissentlichkeit oder grobe Fahrlässigkeit zur Last, so hat der Patentinhaber gegen ihn auch noch die Entschädigungsklage aus § 35.

§ 3. Die Übertragung dieser Befugnisse.

Diese in dem Patent enthaltenen Befugnisse können nun nach § 6 des Patentgesetzes [abgesehen davon, daß sie auf die Erben übergehen] „beschränkt oder unbeschränkt durch Vertrag oder durch Verfügung von Todeswegen auf andere übertragen“ werden. Die „unbeschränkte“ Übertragung, d. h. diejenige, durch welche die gesamten Befugnisse des Patentinhabers — entweder als Ganzes, oder zu einem ideellen Teile — auf einen anderen übergehen, entspricht der Übertragung des Eigentums an einer Sache, ist also z. B. wenn sie entgeltlich unter Lebenden vorgenommen wird, nach Analogie des Kaufes zu behandeln[1]. Bestimmte Formen sind für die „unbeschränkte“ Übertragung im Patentgesetz nicht vorgesehen, vielmehr ist die Gültigkeit des betreffenden Rechtsgeschäftes nach dem jeweils geltenden Civilrechte zu beurteilen.

---

[1] Dementsprechend wird dabei auch der Kaufstempel erhoben, vgl. Entscheidung des Reichsgerichts, IV. Civil-Senat vom 11. Oktober 1886. Bolze, Praxis Bd. III. 962.

Jede Art von Rechtsgeschäft über die in dem Patent enthaltenen Befugnisse, welche nicht deren Gesamtheit umfaßt, ist „beschränkte" Übertragung „des Rechtes aus dem Patent". [Vgl. unten § 9.] Neben dieser beschränkten Übertragung des Rechtes aus dem Patent spricht nun das Patentgesetz in § 11 von der „Erteilung der Erlaubnis zur Benutzung der Erfindung an andere", welche Erlaubnis gemeinhin als „Licenz" bezeichnet wird. Diese Licenz bildet nun ebenfalls eine Art von beschränkter Übertragung des „Rechtes aus dem Patent", welche aber zu den übrigen Arten in einem gewissen Gegensatze steht. Wie sich dieselbe von den anderen Arten von „beschränkten Übertragungen" unterscheidet und was ihre wesentlichen Merkmale sind, darüber enthält das deutsche Patentgesetz keine Andeutungen und infolge hiervon ist auch Theorie sowohl wie Praxis schwankend in ihren Anschauungen über die rechtliche Natur des Licenzvertrages.

Sehr lehrreich für die Entscheidung der Frage nach der Abgrenzung zwischen Licenz einerseits und der „beschränkten" Übertragung des „Rechtes aus dem Patent" andererseits gestaltet sich ein Vergleich mit den ausländischen Rechten.

§ 4. Die Arten der Übertragung der Rechte des Patentinhabers nach dem Patentrecht der Vereinigten Staaten von Nord-Amerika.

Am schärfsten ist die Trennung im amerikanischen Recht durchgeführt.[1] Man unterscheidet dort in dem „Eigentum an einer patentierten Erfindung" [the property in a patented invention] zwei Bestandteile.

Der erste Bestandteil ist das „Eigentum an der Erfindung selbst" [the property in the invention itself]. Es entsteht durch den Akt der Erfindung und besteht in dem Recht, die Erfindung zu benutzen. Das Recht des Erfinders spielt im amerikanischen Patentrecht eine ganz andere Rolle als bei uns. Denn während in Deutschland — abgesehen von dem Falle des § 3 Abs. 2 des Patentgesetzes — „auf die Erteilung des Patents derjenige Anspruch" hat, „welcher die Erfindung zuerst nach Maßgabe dieses Gesetzes angemeldet hat" [§ 3 Abs. 1], kann in Amerika nur der Erfinder [bezw. im Falle seines Todes seine Erben] das Patentgesuch ein-

[1] Vgl. hierzu Robinson, The Law of Patents, Boston 1890. Vol. II. § 753 ff.

reichen und muß dabei vor einer öffentlichen Behörde den Eid leisten, daß er sich für den ersten und ursprünglichen Erfinder hält:

Title LX, Rev. Stat., chap 1, p. 945: Sec. 4892.[1] The applicant shall make oath that he does verily believe himself to be the original and first inventor or discoverer of the art — — for which he solicits a patent; — — — Sec. 4895. Patents may be granted and issued or reissued to the assignee of the inventor — — — in all cases of an application by an assignee for the issue of a patent, the application shall be made and the specification sworn to by the inventor or discoverer; — — Sec. 4896. When any person, having made any new invention or discovery for which a patent might have been granted, dies before a patent is granted, the right of applying for and obtaining the patent shall devolve on his executor — —, in trust for the heirs at law of the deceased — — — in as full manner — — — as the same might have been claimed or enjoyed by him in his lifetime; and when the application is made by such legal representatives, the oath — — required to be made shall be so varied in form that it can be made by them.

Der zweite Bestandteil ist das durch staatliche Verleihung erlangte Recht [Monopoly], Jedermann an der Ausübung der patentierten Erfindung zu hindern.

Man könnte sagen, nach Erteilung des Patentes ist der faktische Erfolg derselbe wie bei uns, wo ja der Patentinhaber auch sowohl das ausschließliche Benutzungsrecht, als das Verbietungsrecht hat. Aber die rechtliche Auffassung ist bei den Amerikanern eine andere. Danach ist das „right to practise the invention“ [das „Benutzungsrecht“] völlig unabhängig von dem Monopoly. Es besteht der Theorie nach, gleichgültig, ob die Erfindung patentiert ist oder nicht [und ist ohne Patentierung auch ganz oder teilweise übertragbar], freilich — wie Robinson a. a. O. auch einräumt — als ausschließliches Recht nur solange die Erfindung geheim bleibt. Erst wenn sie bekannt wird — so ist der Gedankengang der Amerikaner — stellt sich das Bedürfnis nach Entstehung des anderen Bestandteils, des Monopoly, ein, eben um die Ausschließlichkeit der Benutzung wahren zu können. Aber die Erteilung des Monopoly ist ein rein deklaratorischer Akt,[2] was das Recht des Erfinders anlangt. Sie setzt

---

[1] Abgedruckt in „Patent Laws. April 1885“.

[2] Sie ist — und darin weicht die amerikanische Auffassung bedeutend von der im § 2 des deutschen Patentgesetzes vertretenen ab — auch noch möglich, wenn der Gegenstand der Erfindung schon bis zu zwei Jahren in öffentlichem Gebrauch war. L. c. Sec. 4886. Any person who has invented or discovered any new and useful art, machine, manufacture, or composition of matter, or any new and useful improvement thereof — — — not in public

seine Existenz voraus und ist ohne dieselbe nichtig. Das Monopoly kann deshalb auch nur einer Person zustehen, die entweder selbst der Erfinder ist, oder auf die es zugleich mit dem „Eigentum an der Erfindung“ — bezw. einem ideellen Teile desselben — vom Erfinder übertragen ist.

In jeder patentierten Erfindung sind demnach zwei veräußerbare Teile enthalten, einerseits die Invention [wie man kurz sagt, das heißt das Recht, die Erfindung auszuüben, zerfallend in das Herstellungs-, Gebrauchs- und Verkaufsrecht], andererseits das Monopoly, das Verbietungsrecht, das zugleich das Recht der Verfolgung von Patentverletzern einschließt. Die in dem Begriff Invention enthaltenen Rechte können auch jedes einzeln und zwar beliebig vielen Personen übertragen werden. Das Monopoly hingegen ist unteilbar und kann nur als Ganzes zusammen mit der ganzen Erfindung — oder mit einem ideellen Teile derselben selbst zu einem ideellen Teile — an einen Anderen abgetreten werden. Diese Unteilbarkeit ist so zu verstehen, daß es ausgeschlossen ist, daß Jemandem z. B. das Herstellungsrecht übertragen würde und zugleich das Recht, jedem Dritten die Herstellung zu verbieten, während ein Anderer die gleichen Rechte für den Gebrauch oder Verkauf erhielte; oder daß gleichzeitig zwei Personen unabhängig von einander das Verbietungsrecht für das ganze Geltungsgebiet des Patentes erhielten, sodaß sie sich gegenseitig an der Ausübung hindern könnten. Hingegen ist eine territoriale Teilung des Monopoly sehr wohl möglich, sodaß also mehrere Personen dasselbe je für bestimmt abgegrenzte territoriale Sphären erhalten; Robinson II. § 755: — — [The monopoly] may be vested in one owner as to one section of country and in a different owner as to another, but whereever it exists, it must exist as an entirety. — —

In Gemäßheit der Auffassung, daß „das Eigentum an einer patentierten Erfindung“ [the property in a patented invention] in die eben besprochenen beiden Elemente, Invention und Monopoly, zerfällt, kennen die Amerikaner zwei Hauptarten von Übertragungen der Rechte aus der patentierten Erfindung, die eine, bei der mit dem Benutzungsrecht [Invention] zugleich das Verbietungsrecht [Monopoly] übergeht, die andere, bei der nur das Benutzungsrecht, oder auch nur eins seiner oben erwähnten Unterrechte übergeht und das Monopoly nur insofern in Betracht kommt, als demjenigen, auf den das Benutzungsrecht übertragen ist, gegenüber kein Gebrauch

use or on sale for more than two years prior to his application, unless the same is proved to have been abandoned, may — — obtain a patent therefor.

davon gemacht werden kann. Die letztere Gruppe, in welcher die verschiedenartigsten Kombinationen und Modifikationen der einzelnen Unterrechte [Herstellungs-, Gebrauchs- und Verkaufsrecht] vorkommen können, wird unter dem Gesamtnamen Licenses zusammengefaßt. Die erste Hauptart zerfällt in zwei Unterarten: die eine überträgt das gesamte Recht aus der patentierten Erfindung [bezw. einen ideellen Anteil desselben] für das ganze Gebiet der Vereinigten Staaten, d. h. der Übertragende begiebt sich entweder des gesamten Rechtes, oder er macht seinen Kontrahenten zum „Miteigentümer“. Die Bezeichnung für diese Art von Übertragung — die also etwa der „unbeschränkten“ Übertragung unseres Patentgesetzes entsprechen würde — ist Assignment. Die zweite Unterart besteht darin, daß diese Übertragung sich nicht auf das gesamte Gebiet der Vereinigten Staaten erstreckt, sondern sich auf eine territoriale Sphäre beschränkt, innerhalb deren dann die übertragenen Rechte dieselben sind wie beim Assignment. Hierfür ist die Bezeichnung Grant üblich.

Robinson II. § 760: — — The statutes recognize only two modes by which the monopoly may be transferred — one by a conveyance of the entire interest in the invention, or of an undivided part thereof, for the whole country; the other by a conveyance of a similar interest, or part interest, within some portion of the United States. To the former conveyance the courts have given the technical name of an Assignment; the latter they have called a Grant. The conveyance of the subordinate rights in the invention, either separately or united, without affecting the monopoly otherwise than by estoppel, is also permitted; — — To this conveyance custom and judicial sanction have attached the name of License.

Nach diesen Ausführungen erscheint die Auffassung von Königs [„Das Patentsystem der Vereinigten Staaten von Nordamerika“, S. 49], die ihm Klostermann [„Patentgesetz“, S. 164] nachschreibt, als irrtümlich. Danach soll es nämlich nach amerikanischem Rechte möglich sein, „eines der Monopolrechte des Patentes, sei es die Herstellung, die Benutzung, oder den Verkauf, entweder für das ganze Gebiet der Union oder für einen Teil derselben anderen zu überlassen“ und eine solche Einräumung mit dem Namen Grant bezeichnet werden. Ausdrücklich dagegen sprechen noch folgende Stellen bei Robinson:

§ 755. — — It might indeed be possible, in theory, to sever the monopoly in correspondence to the rights embraced in the invention, conferring upon one person the power to prohibit all others from making the invention, upon another the power to forbid its use, and upon another the authority to prevent its sale; but the practical result of such divisions upon the rights of the respective monopolists, as well as upon those of the owners of these various interests in the invention, would be too disastrous to be long tolerated by an industrial community. The law, therefore, peremptorily forbids such multiplication of monopolies, and provides that the prohibitory powers bestowed upon the patentee shall be regarded as indivisible in subject-matter, and constitute but one monopoly in any given portion of the United States.

Ibid. § 763. To determine whether a given conveyance is an assignment or a grant involves little practical difficulty, — the essential difference between them consisting in the territorial area, to which they relate.

Sowohl derjenige, dem die patentierte Erfindung durch Assignment übertragen ist [the „assignee"], als auch derjenige, dem sie für ein bestimmtes Territorium durch Grant übertragen ist [the „grantee"], können, innerhalb der Sphären ihrer Berechtigungen, ihrerseits Grants, bezw. Licenses erteilen. Ein Licenznehmer kann seinerseits keine Licenzen mehr erteilen, [§ 823]. Haben indes Assignee oder Grantee, Grants oder unwiderrufliche Licenses erteilt und so ihre Rechte beschränkt, so können sie später auf ihre etwaigen Rechtsnachfolger nicht mehr Rechte übertragen, als sie selbst haben.

Robinson § 773. — — A sole patentee can assign the entire interest in the patented invention, but — — the owner of an interest which has been limited by previous grants or by irrevocable licenses,[1] can give no title except to the residuary or reversionary rights that still remain in him. — — — The assignee must take his interest subject to all previous lawful conveyances and to the restrictions originally imposed upon his assignor. — — Entsprechendes gilt nach § 794 auch für Grants.

Neben den angeführten sachlichen Unterscheidungsmerkmalen zwischen Assignments und Grants einerseits, Licenses andererseits, besteht noch ein wichtiger formaler Unterschied. Assignments sowohl als Grants bedürfen zum Zwecke ihrer Gültigkeit Dritten gegenüber der Eintragung bei dem amerikanischen Patentamt [United States Patent Office zu Washington] und zwar innerhalb drei Monaten nach Abschluß des bezüglichen Rechtsgeschäftes. Erfolgt die Eintragung in dieser Zeit nicht, so ist einer späteren (eingetragenen) Übertragung gegenüber die frühere wirkungslos, es sei denn, daß derjenige, auf welchen die spätere Übertragung stattfand,

[1] Ist die Licenz als unwiderrufliche erteilt, so hat sie also dingliche Wirkungen.

von der früheren Kenntnis gehabt hat. Innerhalb der drei Monate geht der frühere Erwerber auch dem späteren bona fide Erwerber vor:

Title LX, Rev. Stat. Sec. 4898. An assignment, grant, or conveyance shall be void as against any subsequent purchaser or mortgagee for a valuable consideration, without notice, unless it is recorded in the Patent Office within three months from the date thereof.

Die Gültigkeit des Vertrages zwischen Assignor und Assignee hängt von der Eintragung nicht ab.

Außerdem ist für Assignments und Grants die schriftliche Form vorgeschrieben, [Robinson II. §§ 784. 794].

Für Licenses gelten diese Formvorschriften nicht, es bedarf für dieselben weder der Eintragung auf dem Patentamte, noch der schriftlichen Form, [ibid. §§ 817. 809].

§ 5. Nach englischem Recht.

Auch im englischen Patentrecht wird zwischen dem Benutzungsrecht einerseits und dem Verbietungsrecht andererseits scharf geschieden. Wie sehr dies der Fall, ergiebt sich aus einer bei Edmunds[1] S. 258 mitgeteilten Entscheidung des Court of Appeal. Es lag derselben folgender Fall zu Grunde: ein Patentinhaber hatte einem Dritten für einen bestimmten Distrikt auf vier Jahre eine ausschließliche Licenz zur Benutzung und Ausübung seiner patentierten Erfindung [„an exclusive licence to use and exercise his invention"; sodaß er also selbst von der Benutzung ausgeschlossen war, l. c. S. 202] gegeben. Es fragte sich, ob der Licenzträger nun innerhalb seines Distrikts ein selbständiges Recht zur Verfolgung von Patentverletzern habe. Der Court of Appeal verneinte die Frage; mit der Begründung, daß auch eine exklusive Licenz nur das Ausübungsrecht [wenn auch unter Ausschluß jedes Anderen] übertrage, niemals aber, ohne eine ausdrückliche dahingehende Bestimmung, einen Anteil an dem „Eigentum an dem Patente" und damit das Recht Patentverletzer zu verfolgen.

Andererseits steht es dem Patentinhaber frei, ohne Rücksicht auf den ausschließlichen Licenzträger, innerhalb dessen territorialer Sphäre begangene Verletzungen im eigenen Namen zu verfolgen.

Ausdrücklich wird die Anschauung vertreten, daß durch die Licenzerteilung dem Licenzträger ein Recht übertragen wird, es

[1] The Law and Practice of Letters Patent for Inventions. London 1890.

sich dabei also nicht blos um die Befreiung von einer Prohibitivschranke gegen an sich Jedermann freistehende Handlungen handelt.

Edmunds l. c. S. 202: A licence to use an invention is, in fact, a grant of a right by the patentee to the licensee; — — — A licence does not, like an assignment, pass the whole interest.

Eine Übertragung des gesamten Rechtes aus dem Patente ist dann ebenso wie in Amerika sowohl für das ganze Geltungsgebiet des Patentes, als auch für räumlich abgegrenzte Teile desselben möglich, nur daß für letzteres keine besondere Bezeichnung besteht, vielmehr beides mit dem Wort Assignment ausgedrückt wird.

46 & 47 Victoria Chapter 57. [25th August 1883] Sect. 36: A patentee may assign his patent for any place in or part of the United Kingdom, or Isle of Man, as effectually as if the patent were originally granted to extend to that place or part only.

Der formale Unterschied zwischen den beiden Arten von Übertragungen von Rechten aus der patentierten Erfindung, wie in Amerika, besteht in England nicht. Vielmehr bedürfen hier auch Licences zur Gültigkeit Dritten gegenüber der für Assignments geltenden Formvorschriften, insbesondere der Eintragung in das auf der Patent Office geführte Register of Patents, [l. c. Sect. 23].

§ 6. Nach französischem Recht.

Nach französischem Recht hat die Erteilung des Patentes [brevet d'invention] ebenfalls einen deklaratorischen Charakter; der Theorie nach entsteht das ausschließliche Recht, seine Erfindung zu benutzen, für den Erfinder schon durch den Akt der Erfindung.

Loi du 5 juillet 1844. Art. 1er: Toute nouvelle découverte ou invention — — confère à son auteur — — le droit exclusif d'exploiter à son profit ladite découverte ou invention.

Ce droit est constaté par des titres délivrés par le Gouvernement, sous le nom de brevets d'invention.

Die Erteilung des Patents macht das Recht die Erfindung zu benutzen zu einem „beweglichen Vermögensstück“ des Patentinhabers, über welches er ebenso frei verfügen kann, wie über sein übriges Mobiliareigentum.[1] Er kann das „Eigentum an seinem Patent“ nach Art. 20 des citierten Gesetzes ganz oder teilweise übertragen:

Tout breveté pourra céder la totalité ou partie de la propriété de son brevet.

---

[1] Pouillet, Traité théorique et pratique des brevets d'invention etc. Paris 1889. 206.

Eine totale Übertragung [cession totale] liegt vor, wenn der Patentinhaber einen Dritten vollkommen an seine Stelle treten läßt, ohne sich irgendwelche Rechte an dem Patente vorzubehalten, [Pouillet, 207].

Die Rechtswirkung der totalen Cession ist also der Übergang der Rechte des Patentinhabers auf seinen Cessionar. Diese Rechte sind das ausschließliche Benutzungsrecht und das Recht, Patentverletzer zu verfolgen. Nur die Ehre des Erfinders und damit der Anspruch auf eine etwaige Auszeichnung verbleibt dem Erfinder, [l. c. 239. 240].

Eine teilweise Übertragung [cession partielle; l. c. 208] des Patentes ist in den verschiedensten Arten möglich. Sie liegt immer vor, wenn sich der Übertragende noch einen Teil seines „Eigentums“ [seiner Rechte aus dem Patente] vorbehalten hat. So z. B. wenn dem Cessionar das exclusive Fabrikationsrecht übertragen ist, der Cedent sich aber das Verkaufsrecht reserviert u. dgl. m.[1] Auch wenn alle Rechte aus dem Patent exclusiv, aber nur für eine bestimmte Zeit übertragen sind, gilt dies noch als partielle Cession. Das Gesetz läßt den Kontrahenten vollkommen freien Spielraum über die Bedingungen, unter denen sie den Vertrag, der das „Eigentum an dem Patent“ partiell überträgt, abschließen wollen; für die Gültigkeit desselben ist allein das bürgerliche Recht maßgebend.

Die Rechtsfolgen der partiellen Übertragung sind im Prinzip dieselben, wie die der totalen, nur in geringerer Ausdehnung. Dieselbe wird durch den Inhalt des betreffenden Vertrages bestimmt. So hat ein Cessionar, dem das Patent für einen bestimmten Bezirk übertragen ist, kein Recht, außerhalb dieses Bezirks begangene Patentverletzungen zu verfolgen [l. c. 241].

Der Cessionar hat eben dieselben Rechte wie an dem übertragenen Patent auch an den etwa vom ersten Patentinhaber, bzw. seinen Rechtsnachfolgern genommenen Zusatzpatenten. Ebenso aber auch der Patentinhaber an den von dem [partiellen] Cessionar genommenen Zusatzpatenten. Art. 22 des französischen Patentgesetzes.

Sowohl für die Gültigkeit der totalen als für die der teilweisen Cession stellt der Art. 20 des citierten Gesetzes drei Erfordernisse auf:

1. Es muß ein notarieller Akt aufgenommen sein;

2. für den ganzen Rest der Geltungsdauer des Patents müssen die Gebühren voll eingezahlt sein;

---

[1] Im Gegensatze zum amerikanischen Recht, wo ja eine Trennung der einzelnen Monopolrechte ausgeschlossen ist.

3. Registrierung der Cession auf dem Sekretariat der Präfektur des Departements, innerhalb dessen die Übertragung stattgefunden hat. Über die Registrierung geht dem Ackerbau- und Handelsminister ein Protokoll zu. Dieser führt ein Register über die stattgehabten Cessionen, das Jedermann zugänglich ist und aus dem vierteljährlich Auszüge veröffentlicht werden. Letztere Förmlichkeiten sind übrigens ohne Einfluß auf die Gültigkeit der Cession, hierfür genügt die Registrierung auf dem Sekretariat der Präfektur. Art. 20; Abs. 5. Art. 21 d. Ges.

Die drei erwähnten Formalitäten geben dem Cessionsakt ein sicheres Datum, sichern den Cessionar gegen Verfall des Patentes wegen Nichtzahlung der Gebühr und schließen jeden Zweifel über die Verhältnisse des Eigentums an dem Patente aus. — An Stelle des notariellen Aktes kann im Falle unfreiwilliger Übertragung das betreffende richterliche Urteil treten.

Der Mangel der Registrierung bewirkt nur die Ungültigkeit der Cession Dritten gegenüber.

Die Übertragung eines Patentes — totale sowohl als partielle — wird als Verkauf aufgefaßt, unterliegt also auch dem üblichen Verkaufsstempel, [l. c. 231].

Neben der partiellen Cession eines Patentes steht die Erteilung einer Licenz. Man versteht darunter das von Seiten des Patentinhabers einem Dritten bewilligte Recht, seine Erfindung zu benutzen. Die Einräumung dieses Benutzungsrechtes involviert nicht den Übergang irgend eines Teiles des „Eigentums“ an der patentierten Erfindung und hindert an sich den Patentinhaber nicht, dasselbe Recht auch an Andere zu übertragen. Der Licenzträger ist also nicht in der Lage, Dritten die Benutzung der patentierten Erfindung zu untersagen; auch kann er eine von Dritten unbefugt vorgenommene Benutzung nicht als Verletzung des Patentes verfolgen.

Zur Gültigkeit der Licenz Dritten gegenüber bedarf es nicht der Formalitäten, die für eine partielle Cession vorgeschrieben sind. Eine scharfe theoretische Trennung ist indes nicht durchgeführt und ob in einem konkreten Falle Licenz oder partielle Cession vorliegt — mag der Vertrag auch als Licenzvertrag bezeichnet sein —, ist Thatfrage und der Entscheidung der Gerichte überlassen.

Pouillet, 277. C'est, au surplus, aux tribunaux qu'il appartient souverainement d'apprécier si le droit concédé constitue une cession proprement dite ou une simple licence.

Besonders schwierig gestaltet sich die Frage, ob Cession oder Licenz vorliegt, wenn — was nach französischem Recht, wenn auch nicht unbestritten, zulässig ist — der Patentinhaber dem Licenzträger das Recht zur Verfolgung von Patentverletzern überträgt. Um dies Recht auszuüben muß der Licenzträger es registrieren lassen und im Zweifelsfalle wird die Sache dann wohl darauf hinauslaufen, daß, was die Parteien als Licenz bezeichnet haben, vom Gericht für Cession erklärt wird.

Pouillet, 283. — — Remarquons, d'ailleurs, que le droit de poursuite, accordé à celui que la convention qualifie porteur de licence, est un élément qui, joint à d'autres, est de nature à faire reviser par le juge la qualification de l'acte et à lui faire qualifier de cession véritable, ce que le contrat a qualifié de simple licence.

Analog dem Cessionar hat auch der Licenzträger das Recht, die etwa zu dem in Frage kommenden Patente genommenen Zusatzpatente zu benutzen:

Loi du 5 juillet 1844. Art. 22. Les cessionnaires d'un brevet, et ceux qui auront acquis d'un breveté ou de ses ayants droit la faculté d'exploiter la découverte ou l'invention, profiteront, de plein droit, des certificats d'addition qui seront ultérieurement délivrés au breveté ou à ses ayants droit. Réciproquement, le breveté ou ses ayants droit profiteront des certificats d'addition qui seront ultérieurement délivrés aux cessionnaires.

Ebenso wie im amerikanischen Recht gilt dann auch im französischen der Grundsatz, daß der Cessionar durch alle voraufgegangenen partiellen Cessionen und auch Licenzerteilungen[1] seitens des Cedenten beschränkt wird.

Pouillet, 279. Il suit — — que la cession qui serait faite du brevet après que le breveté a déjà concédé un plus ou moins grand nombre de licences ne saurait leur porter aucune atteinte. Du moment que les licences sont parfaites sans aucune formalité, le concessionnaire est tenu de les respecter, qu'il les ait ou non connues; il faut seulement, mais il suffit qu'il soit établi que les licences sont réellement antérieures à la cession.

Freilich wird es zur Vermeidung eines Prozesses um die Priorität seiner Licenz für den Licenzträger am besten sein, wenn er seine Licenz auf dem Sekretariat der Präfektur registrieren läßt. Einer vorherigen Zahlung der gesamten Gebühren, wie bei Registrierung einer Cession, bedarf es dabei nicht [l. c. 278].

[1] Also auch hier hat die Licenz einen dinglichen Charakter.

§ 7. Nach italienischem Recht.

Ganz ähnlich der französischen ist auch die Auffassung im italienischen Patentrecht, das ja jenem nachgebildet ist. Auch die Italiener unterscheiden zwischen totaler und teilweiser Übertragung [Cession] des Patentes — welches als attestato di privativa industriale oder auch als brevetto d'invenzione bezeichnet wird — einerseits und der Licenzerteilung andererseits.

Cottarelli[1] p. 242. Codesto trasferimento [la cessione] ha dunque per effetto di investire il cessionario, non già soltanto del diritto di usare parzialmente dell' attestato, ma del diritto medesimo di proprietà inerente ad esso; mentre la licenza lascia sussistere intatti i diritti di proprietario nel titolare della privativa.

Capitale è dunque la differenza fra i due contratti di licenza e di cessione: il trasferimento d'attestato può essere totale o parziale — la licenza di fabbrica, invece, sempre e necessariamente, concede soltanto l'uso di una parte dei diritti inerenti ad un brevetto d'invenzionze; — — —

Durch die Cession geht das „Eigentum an dem Patente" über, während die Licenz nur ein Gebrauchsrecht giebt, das der Patentinhaber auch jedem Anderen noch erteilen kann. Nur der Cessionar erhält das Recht, Patentverletzer zu verfolgen; der Licenzträger ist dazu nicht berechtigt:

Cottarelli, p. 243. — — il cessionario può agire verso i terzi per contraffazione — il licenziato non può per contrario muovere qualsiasi azione per questo riguardo non avendo, per fatto che non è proprietario della privativa, veste giuridica per ciò; — — —

Ebenso wie im französischen Recht unterliegt auch hier nur die Cession den Formvorschriften [analog den französischen] des Patentgesetzes [La legge 30 ottobre 1859 sulle privative per invenzioni o scoperti industriali nel regno d'Italia], während der Licenzvertrag nach den Grundsätzen und Regeln des bürgerlichen Rechtes zu beurteilen ist.

Cottarelli p. 243. — questo contratto [di licenza] non è sottomesso ad alcuna speciale formalità, ma segue le norme che regolano gli altri contratti — — —.

[1] Le privative industriali, Cremona 1888.

§ 8. Zusammenfassung.

Fassen wir die Ergebnisse der Betrachtung der fremden Rechte noch einmal kurz zusammen, so haben wir das Folgende: Die Amerikaner haben materiell wie formell die schärfste Definition für den Begriff Licenz. Jede Übertragung eines Rechtes aus dem Patente, welche nicht das Verbietungsrecht [Monopoly] mitüberträgt, ist License und bedarf zu ihrer Gültigkeit Dritten gegenüber nicht der Eintragung bei dem Patentamte.

Ebenso sehen die Engländer das wesentliche Unterscheidungsmerkmal zwischen allen anderen Arten von Übertragungen und Licenzen in der Unfähigkeit des Licenzträgers, selbständig gegen Patentverletzer vorzugehen. Der formelle Unterschied besteht bei ihnen freilich nicht, da auch für Licenzen hier dieselben Formvorschriften, wie für andere Übertragungen bestehen.

Einen wesentlichen Unterschied in Beziehung auf die Formvorschriften finden wir hingegen bei den Franzosen und bei den Italienern; während die materielle Unterscheidung hier nicht so scharf durchgeführt ist. Als Licenz wird diejenige Übertragung von Befugnissen aus dem Patente aufgefaßt, bei welcher nicht irgend ein Teil des „Eigentums an der patentierten Erfindung“ übergeht. Im Zweifelsfall sollen dann eben die Gerichte entscheiden, was vorliegt; womit freilich auf eine scharfe theoretische Scheidung Verzicht geleistet ist.

§ 9. „Beschränkte“ Übertragung und Licenz nach deutschem Recht.

Im deutschen Patentrechte besteht nun weder in materieller noch in formeller Beziehung eine scharfe Scheidung zwischen „beschränkter“ Übertragung und bloßer Licenz. Eine Formvorschrift greift nur für den Fall Platz, daß „in der Person des Patentinhabers eine Änderung eintritt“, d. h. also wenn „das Recht aus dem Patent“ ganz oder zu einem ideellen Teile auf einen Anderen übergeht. Dann muß nach § 19 Abs. 2 Pat. Ges. ein Vermerk in der Patentrolle stattfinden, wenn der neue Patentinhaber „nach Maßgabe dieses Gesetzes berechtigt und verpflichtet“ sein will. Nicht aber wenn ohne Übertragung von „Miteigentum“ eine „beschränkte“ Übertragung des „Rechtes aus dem Patent“ eintritt, oder eine Licenz erteilt wird.[1]

[1] Seligsohn, Kommentar zum Patentgesetz vom 7. April 1891. N. 8 zu § 19.

Die Beschränkungen der Übertragung des Rechtes aus dem Patent können nun örtliche sein, sodaß die gesamten dem Patentinhaber zustehenden Befugnisse nur für ein bestimmtes Gebiet übertragen werden, oder zeitliche, wenn dieses für eine bestimmte Zeit geschieht. Oder es können auch die einzelnen ausschließlichen Befugnisse des § 4 Pat. Ges. [Herstellen, in Verkehr Bringen, Feilhalten, Gebrauchen] übertragen werden. Diese verschiedenen Arten können auch mit einander in Kombination vorkommen.

Immer aber tritt bei solcher beschränkten Übertragung — wie auch Rosenthal in seinem Kommentar z. d. Pat. Ges. v. 25. Mai 1877, S. 138 treffend ausführt — im Gegensatz zur bloßen Licenzerteilung, innerhalb der Grenzen der Beschränkung die Wirkung des Patentes unmittelbar zu Gunsten eines Anderen, als des Patentinhabers, ein, der dann den ihm übertragenen Anteil unter Ausschluß des Patentinhabers inne hat, also Alleinberechtigter, eventuell [als „Miteigentümer“] mindestens dem Patentinhaber Gleichberechtigter ist.

Bei der Licenzerteilung ist hingegen der Patentinhaber der prinzipaliter Berechtigte, während er dem Licenznehmer die Benutzung nur gestattet, ohne durch diese Gestattung an sich verhindert zu sein, die Benutzung auch Anderen in gleicher Weise zu gestatten. — Damit stimmt anscheinend ein Urteil des Reichsgerichts IV. Civ. Sen. vom 20. April / 12. Mai 1893 überein. Nach der Mitteilung von Bolze, Praxis Bd. 16. S. 357: — — „Es liegen keine bloßen Licenzverträge vor. Denn den Erwerbern ist ein ausschließliches Ausnutzungsrecht übertragen und eine Ausnutzung des Patentrechtes durch die Übertragenden ist für die betreffenden Gegenden durch die Verträge untersagt. — —“

Eine völlig scharfe Scheidung ist mit diesen Sätzen zwischen „beschränkter“ Übertragung einerseits und Licenz andererseits noch nicht gegeben. Am einfachsten würde sich dieselbe gestalten, wenn man auch im deutschen, wie im amerikanischen und englischen Patentrechte die Berechtigung zur Verfolgung von Patentverletzern als Unterscheidungsmerkmal verwerten könnte. Ob das indes nach dem heutigen Stande unserer Rechtsentwickelung möglich ist, muß sich erst aus einer näheren Betrachtung der Natur des Licenzvertrages ergeben, in welche nunmehr eingetreten wird.

§ 10. Licenzerteilung im allgemeinen.

Die Erlaubnis zur gewerbsmäßigen Benutzung einer patentierten Erfindung, die Licenz, kann sowohl durch Rechtsgeschäfte unter Lebenden, als auch von Todeswegen erteilt werden. So ist es z. B.

2*

sehr wohl denkbar, daß ein Erblasser, der Inhaber eines Patentes ist, in seinem Testament den A zu seinem Universalsuccessor ernennt — auf den dann nach § 6 Pat. Ges. des „Recht aus dem Patent“ übergeht — und zugleich dem B als Vermächtnisnehmer eine unentgeltliche Licenz erteilt. Es sind auch noch andere Möglichkeiten denkbar, durch welche eine Licenz unentgeltlich wie auch entgeltlich in Form eines Rechtsgeschäfts von Todeswegen erteilt werden könnte. Doch werden derartige Geschäfte nicht sehr häufig vorkommen, da ja das Patentrecht von verhältnismäßig kurzer Dauer ist und deshalb, wenn es auch häufig seinen Inhaber überlebt, dies doch von einem Testator bei Abfassung seines Testamentes meist nicht in Betracht genommen werden wird. Die Beurteilung einer derart erteilten Licenz würde mutatis mutandis nach denselben Grundsätzen zu erfolgen haben, wie sie für eine durch Rechtsgeschäft unter Lebenden erteilte Licenz maßgebend sind.

Unter Lebenden kann nun eine Licenz entweder ausdrücklich oder stillschweigend [implicite] erteilt werden. Eine stillschweigende Licenzerteilung ist immer in den Fällen anzunehmen, wenn ein patentiertes Arbeitsgerät [eine Maschine, ein Werkzeug oder dergl.] veräußert wird. Die Veräußerung eines derartigen Industrieproduktes seitens des Berechtigten involviert — wie schon Kohler in seinem deutschen Patentrecht [Mannheim und Straßburg 1878] S. 160 ausführt — im Zweifelsfalle die Gestattung des durch das Patent vorbehaltenen gewerbsmäßigen Gebrauchs desselben. Über diese besondere Form der Licenz findet sich eine genauere Untersuchung bei Kohler, S. 160—166. Außer der dort angeführten Litteratur ist noch besonders die Erörterung zu erwähnen, welche sich bei Robinson in seinem schon öfter citierten Werke, [Vol. II. § 824—831] findet. Vgl. auch Rosenthal S. 116, Robolski[1] S. 233, Seligsohn N. 7 zu § 6.

Gegenstand der vorliegenden Untersuchung ist nur die ausdrücklich erteilte Licenz. Eine besondere Form ist für den Abschluß eines Licenzvertrages im Patentgesetz nicht vorgeschrieben. Dieselbe richtet sich nach den Regeln des bürgerlichen Rechtes. Im Gebiete des gemeinen Rechtes würde also auch ein formlos mündlich abgeschlossener Vertrag gültig sein. In den weitaus meisten Fällen werden jedoch Licenzen in Form eines schriftlichen Vertrages erteilt. Und zwar herrscht in den beteiligten Kreisen das Bestreben, möglichst viel ausdrücklich in den Vertrag aufzunehmen.

---

[1] Theorie und Praxis des deutschen Patentrechtes. Berlin 1890.

§ 11. Der Licenzvertrag insbesondere.

Wer ist nun zum Abschlusse eines Licenzvertrages berechtigt? Licenznehmer sein kann Jeder, der sich überhaupt durch Verträge verpflichten, bzw. erwerben kann. Eine Licenz erteilen kann dagegen nur entweder der jeweilige Patentinhaber, oder derjenige, auf welchen das Recht aus dem Patente beschränkt übertragen ist, innerhalb der Schranken seiner Berechtigung. Ein Licenznehmer kann keine weiteren Licenzen erteilen.

Die Licenz kann sich nun auf die Gestattung sämtlicher in dem Patent enthaltenen Nutzungsbefugnisse erstrecken, oder nur auf eine der vier Nutzungsarten des § 4 Patentgesetz sich beschränken. So finden sich häufig, besonders in der chemischen Industrie, bloße Verkaufslicenzen. Die Licenz kann auch zeitlich oder örtlich beschränkt sein. Dies auch in Kombination mit der Beschränkung auf einzelne Nutzungsarten, z. B. wenn A eine Verkaufslicenz für einen gewissen patentierten Farbstoff für das Gebiet des Königreichs Bayern erhält.

Der Licenzvertrag kann auch statt, was wohl das häufigste ist, für die ganze Dauer des Patentschutzes abgeschlossen zu werden, auf Kündigung gestellt sein. Es finden sich da in den Verträgen die verschiedensten Modalitäten. Doch wird ein Kündigungsrecht meist nur zu Gunsten des Licenznehmers festgesetzt, was begreiflich ist, da er ja im Gegensatze zum Licenzgeber meist der Belastete ist. Denn einseitige Licenzen werden in der Regel nur entgeltlich erteilt. Anders bei den besonders in der chemischen Industrie häufigen Licenzen auf Gegenseitigkeit [wenn jeder der Kontrahenten Inhaber eines Patentes ist, auf welches er dem anderen eine Licenz giebt]. Diese werden häufig unentgeltlich erteilt, d. h. es liegt dann in Wirklichkeit wohl ein Tauschvertrag vor.

Über die verschiedenen Arten von Vergütung, welche der Licenznehmer als Entgelt für die ihm gewährte Erlaubnis zur gewerbsmäßigen Benutzung der patentierten Erfindung zu entrichten hat, wird weiter unten zu sprechen sein.

Als Beendigungsgrund des Licenzvertrages ist neben dem Ablauf oder dem wegen Nichtzahlung der Gebühr eintretenden Verfall des Patentes, auf welches die Licenz erteilt ist, noch die Nichtigkeitserklärung zu nennen. Über die Wirkung derselben auf den Licenzvertrag wird unten § 16 noch im besonderen gehandelt werden.

Inwieweit die Nichterfüllung der Vertragsbestimmungen als Auflösungsgrund zu gelten hat, wird sich nur von Fall zu Fall beurteilen lassen. Die Entscheidung hierüber ist meist einem im Vertrage selbst vereinbarten Schiedsgericht überlassen.

Als besonderer Fall wäre noch der Konkurs des Licenznehmers zu nennen. Man wird wohl annehmen müssen, daß durch diesen der Vertrag aufgelöst wird. Es wird dies auch zuweilen ausdrücklich im Vertrage bestimmt.

§ 12. Rechte des Licenzgebers.

Durch Erteilung einer Licenz wird der Licenzgeber nicht im mindesten daran gehindert, dieselbe Erlaubnis auch noch so und so vielen Anderen zu erteilen. Darüber herrscht in der Litteratur Übereinstimmung und auch das Reichsgericht [III. Civ. Sen. Entscheidung vom 22. Februar 1887, 239/86. Bolze, Praxis Bd. IV. Nr. 745] ist dieser Ansicht.

„Ist — dem Einen ein Ausübungsrecht erteilt, so liegt keine Beschränkung darin, daß einem Anderen das gleiche Ausübungsrecht gewährt wird, die Licenzen stehen sich nicht im Wege;“ [Kohler S. 157]. „Der Patentinhaber kann beliebig vielen Personen die Erlaubnis zur Benutzung der Erfindung erteilen;“ [Rosenthal S. 117]. Der Licenznehmer „kann der weiteren Licenzerteilung nicht widersprechen;“ [Klostermann in Endemanns Handbuch des Handelsrechts S. 329]. „An sich wird der Patentinhaber durch den Licenzvertrag nicht gehindert, auch anderen Personen Licenzen zu erteilen;“ [Robolski S. 232]. „Dadurch ist die Möglichkeit gewährt, daß der Patentinhaber einer unbeschränkten Zahl von Personen Licenzen erteilen kann;“ [Seligsohn S. 77].

Daß im amerikanischen und englischen Rechte das gleiche gilt, versteht sich bei der dort herrschenden Auffassung der rechtlichen Natur der Licenz von selbst. Denn das Verbietungsrecht [the prohibitory powers], von dem der Licenzgeber dem Licenznehmer gegenüber keinen Gebrauch zu machen verspricht, verbleibt ja ganz und gar bei dem Licenzgeber, es steht also auch ganz in seinem Belieben, ob er Dritten gegenüber davon Gebrauch machen will, oder nicht.

Auch bei den Franzosen ist man, wie schon oben berührt wurde, allgemein der Ansicht, daß eine erteilte Licenz an sich den Patentinhaber nicht hindert, auch noch andere zu erteilen.

So sagt Pouillet § 274: La licence est le droit accordé par le breveté à un tiers d'exploiter le brevet — — en général sans que cette cession empêche le breveté d'accorder le même droit à d'autres personnes. Und Allart[1] § 244: Tandis que par la cession, le breveté s'interdit — — de consentir un droit quelconque sur la partie du brevet dont il a transmis la propriété, la licence, au contraire,

[1] De la propriété des brevets d'invention. Paris 1887.

le laisse libre — — de conférer des droits de licence analogues à d'autres personnes. Und § 257: — — le breveté, à moins de stipulation contraire, reste libre, après avoir consenti une licence, d'en accorder de nouvelles à d'autres personnes.

Ganz anders liegt der Fall, wenn der Licenzgeber sich etwa dem Licenznehmer gegenüber verpflichtet hat, keine weiteren Licenzen zu erteilen. Erteilt er dann trotzdem noch weitere Licenzen, so macht er sich dem Licenznehmer gegenüber schadensersatzpflichtig, ohne daß freilich die vertragswidrig erteilten Licenzen deshalb ungültig wären.

Eine derartige Bestimmung, durch welche sich der Licenzgeber verpflichtet, Licenzen an Andere nicht mehr zu erteilen, findet sich häufig in den Verträgen. Natürlich hat ja eine solche Licenz für ihren Empfänger einen viel größeren Wert, als eine, deren Vorteil er mit so und so vielen Anderen teilt, aber in dem Wesen der Licenz liegt eine solche Ausschließlichkeit nicht begründet, vielmehr ist im Zweifelsfalle anzunehmen, daß der Licenzgeber in Beziehung auf weitere Licenzerteilung freie Hand hat. Es bedarf also auch keiner besonderen Bestimmung im Vertrage, um dem Licenzgeber diese Freiheit zu sichern. Ich habe nur ein einziges Mal unter allen Verträgen, die ich gesehen habe, einen Vertrag gefunden, der diese Bestimmung noch ausdrücklich enthielt. Und zwar handelte es sich hier um einen Vertrag zwischen einer deutschen und einer französischen Firma; vielleicht hatte deshalb der Verfasser des Vertrages ganz besonders vorsichtig und genau in seiner Bestimmung sein wollen.

Während der Dauer des Vertrages ist der Licenzgeber zu einer fortwährenden Kontrolle des Licenznehmers berechtigt.[1] Insbesondere steht ihm allgemein die Einsichtnahme der über Fabrikation und Verkauf der durch das Patent geschützten Artikel geführten Bücher zu. Bei größeren Betrieben wird diese Bücherrevision und auch die, im einzelnen Fall in verschiedenen Zwischenräumen stattfindende, Abrechnung meist einem gemeinsamen Vertrauensmann übertragen.

Wie mir ein hervorragender Vertreter der chemischen Großindustrie sagte, besteht gerade wegen dieser durch die Licenz gegebenen Kontrolle eine große Neigung zu Licenzerteilungen. Denn in dem Augenblick, wo ein Fabrikant eine Licenz erhält, ist er dem Licenzgeber nicht mehr sehr gefährlich, da er von da ab unter beständiger Kontrolle steht. Während er, wenn er, ohne Licenz zu haben, den patentierten Artikel fabriziert, dem Patentinhaber jahrelang den schwersten Schaden zufügen kann, der in den meisten

[1] Vgl. dazu auch Klostermann Pat. Ges. S. 163.

Fällen in gar keinem Verhältnis zu der Summe steht, zu deren Zahlung er schließlich, wenn der langwierige Prozeß beendigt ist, wegen Patentverletzung verurteilt wird.

Wie schon oben § 6 ausgeführt, hat nach Art. 22 des französischen Patentgesetzes der Patentinhaber Anspruch auf Benutzung der dem Licenznehmer etwa erteilten Zusatzpatente [certificats d'addition].[1] Bei uns ist eine solche gesetzliche Bestimmung ausgeschlossen, da nach § 7 des deutschen Patentgesetzes nur der Patentinhaber ein Zusatzpatent nehmen kann. Dagegen findet sich häufig in den Verträgen die Bestimmung, daß der Licenznehmer alle von ihm gefundenen Neuerungen und Verbesserungen, welche das Patent betreffen, dem Licenzgeber mitteilen muß, damit sich dieser eventuell dafür ein Zusatzpatent erteilen lassen kann, dessen Benutzung dann natürlich dem Licenznehmer kostenlos freisteht. Es ist die Aussicht, auf diese Weise eine Ausbildung und Verbesserung z. B. eines patentierten Verfahrens zu erzielen, nach mir gewordenen Mitteilungen zuweilen mit bestimmend für die Erteilung von Licenzen gewesen.

§ 13. Pflichten des Licenzgebers.

Die hauptsächlichste Pflicht des Licenzgebers ist, von dem ihm zustehenden Recht [oben § 2], jeden Dritten an der gewerbsmäßigen Benutzung seiner patentierten Erfindung zu hindern, dem Licenznehmer gegenüber für die Dauer des Vertrages keinen Gebrauch zu machen; hierzu und zu nichts weiter verpflichtet er sich, wenn er einem Dritten die Erlaubnis zur gewerbsmäßigen Benutzung seiner patentierten Erfindung giebt.[2] Da nun in der Patentschrift nach § 20 Patentgesetz „die Erfindung dergestalt zu beschreiben ist, daß danach die Benutzung derselben durch andere Sachverständige möglich erscheint,“ so würde an sich der Patentinhaber zu einer weiteren Leistung zur Ermöglichung der Benutzung nicht verpflichtet sein. Von verschiedenen Seiten[3] wird indes die Ansicht vertreten, daß eine Verpflichtung des Licenzgebers zu einer gewissen Anleitung und Unterweisung des Licenznehmers ein Naturale des Vertrages sei. Klostermann will die Verpflichtung des Licenzgebers sogar soweit ausdehnen, daß er dem Licenznehmer alle Regeln und Vorrichtungen, welche

---

[1] Vgl. Allart 252.

[2] So auch Reichsgericht, II. Civ. Sen. Urt. vom 17. Dezember 1886 [Entscheid. Bd. 17. S. 54]; III. Civ. Sen. Urt. vom 5. Dezember 1893 [Entscheid. Bd. 33. S. 103]. Vgl. übrigens auch noch unten § 14.

[3] Vgl. Klostermann S. 163, Robolski S. 234.

er selbst zur Zeit der Licenzerteilung in Anwendung bringt, mitteilen muß, auch wenn diese nicht in der Patentschrift enthalten sind. Häufig wird übrigens die Pflicht zur Unterweisung ausdrücklich in den Vertrag aufgenommen und dadurch ihr Bestehen außer Zweifel gesetzt. Es wird dann gewöhnlich bestimmt, daß der Licenz erteilende Patentinhaber verpflichtet ist, seinen Licenznehmer in Beziehung auf die Benutzung der patentierten Erfindung vollständig sich gleich zu stellen. Ob der Patentinhaber verpflichtet ist, auch nach der Licenzerteilung aufgefundene kleine Verbesserungen, Modifikationen etc., die nicht zur Erlangung eines Zusatzpatentes ausreichen und deshalb als Fabrikgeheimnisse behandelt werden, dem Licenznehmer mitzuteilen, darüber könnte man im Zweifel sein. Das Reichsgericht hat die Frage in verneinendem Sinne entschieden, in dem schon oben citierten Urteil vom 17. Dezember 1886 [Vgl. die Veröffentlichung desselben bei Gareis, Bd. 6. S. 220]. Danach gehört die Pflicht zur Mitteilung von Erfindungen, „welche erst nach der Patentverleihung nach und nach bei der Fabrikation gemacht und herausgebildet worden sind," keineswegs zu den Naturalien eines Licenzvertrages.

In Frankreich hat man, gerade wie das ja auch bei uns in Rechtsprechung und Litteratur geschehen ist, den Licenzvertrag als eine Art Mietvertrag behandelt. In gewissen Beziehungen bestehen ja Analogieen zum Mietvertrage und wird darüber noch weiter unten zu handeln sein. Die Franzosen gehen indes viel weiter in der Gleichstellung, als dies bei uns geschieht.

Allart führt [258] aus, daß im Falle der Nichtigkeitserklärung oder des Verfalls des Patentes gegen den Licenzgeber der Artikel 1721 Code Napoléon Platz greife; der Licenznehmer also vom Vermieter, dem Patentinhaber, Auflösung des Vertrages und Schadensersatz verlangen könne.[1] Es heißt dann wörtlich:

quelle que soit la cause de la déchéance ou de la nullité, le breveté en doit garantie, car il faut avant tout qu'il assure à son concessionnaire la jouissance paisible de l'invention.

Pouillet dehnt diese Garantie des Licenzgebers auch noch ausdrücklich auf die gewerbliche Verwertbarkeit der in Frage kommenden patentierten Erfindung aus:

---

[1] Art. 1721. C. c. Il est dû garantie au preneur pour tous les vices ou défauts de la chose louée qui en empêchent l'usage, quand même le bailleur ne les aurait pas connus lors du bail.

S'il résulte de ces vices ou défauts quelque perte pour le preneur, le bailleur est tenu de l'indemniser.

l. c. 286: Enfin, comme le preneur, il [le porteur de licence] a contre son cédant un droit de garantie, — — — par exemple à raison de l'impossibilité de la réalisation industrielle de l'invention.

In England und Amerika denkt man gar nicht daran, wie das ja auch bei der dort herrschenden Auffassung von der rechtlichen Natur der Licenz zu erwarten ist, von dem Licenzgeber irgend welche Garantie gegen Nichtigkeit oder mangelnde gewerbliche Verwertbarkeit des Patentes, auf welches Licenz erteilt wird, zu verlangen.

Vgl. z. B. Agnew[1] S. 233: There is no implied warranty upon an agreement for the sale of or the licence to use a patent, that the patent is valid.

Robinson l. c. § 815: As between the licensee and licensor the doctrine of „caveat emptor" is rigidly applied.

Auch bei uns giebt es eine durch Abschluß eines Licenzvertrages von dem Licenzgeber stillschweigend übernommene Garantie gegen Nichtigkeitserklärung des Patentes nicht. Auch hierfür ist das schon mehrfach erwähnte Urteil des II. Civilsenats des Reichsgerichts vom 17. Dezember 1886 zu citieren:

„Diese stillschweigende Bedingung" [daß das Patent auch zu Recht bestehe] „ist aber nicht ohne weiteres zu unterstellen. Es liegt vielmehr, in Rücksicht auf die Schwierigkeit, zu übersehen, ob eine Erfindung nicht in öffentlichen Druckschriften bereits derart beschrieben oder im Inlande bereits so offenkundig benutzt sei, daß danach die Benutzung durch andere Sachverständige möglich erscheint, die Annahme näher, daß beim Abschlusse des Licenzvertrages die Thatsache entscheidend gewesen sei, daß die zuständige Behörde das Patent verliehen hat."

Übrigens hat die Frage heute nicht mehr die Bedeutung wie vor Erlaß des Patentgesetzes vom 7. April 1891. Es wird über diesen Punkt noch weiter unten zu sprechen sein.

In Beziehung auf die vom Licenz erteilenden Patentinhaber zu leistende Garantie für gewerbliche Verwertbarkeit der patentierten Erfindung hat sich der I. Civilsenat des Reichsgerichts in seinem Urteil vom 8. Dezember 1888 [mitgeteilt bei Gareis. Bd. 10. S. 157] scheinbar in bejahendem Sinne ausgesprochen, d. h. also verneint, daß der Licenzvertrag an sich den Charakter eines gewagten Geschäftes habe, einer emptio spei ähnlich sei. Diese Entscheidung hat indes ihren Grund in der Besonderheit des Falles, den sie behandelt. Es wird auch ausdrücklich angeführt, daß in diesem Falle

[1] The Law and Practice Relating to Letters Patent for Inventions. London 1874.

nach Intention der Parteien der Vertrag unter der Bedingung, daß die gewerbliche Verwertung bald ermöglicht werde, abgeschlossen sei.

Die grundlegende Reichsgerichtsentscheidung über diese Frage ist erst neueren Datums. Es ist die des III. Civilsenates vom 5. Dezember 1893. Sie verneint ausdrücklich, daß die gewerbliche Verwertbarkeit der patentierten Erfindung eine stillschweigende Bedingung des Licenzvertrages ist. Das Urteil[1] argumentiert in der folgenden durchaus zutreffenden Weise.

Da nach dem Patentgesetze Patente nur für solche Erfindungen erteilt werden sollen, die eine gewerbliche Verwertung gestatten, so kann der Licenznehmer zwar bei Abschluß des Licenzvertrages annehmen, daß die patentierte Erfindung bei ihrer Prüfung auch wirklich für gewerblich verwertbar befunden worden ist. Den Gegenstand des Licenzvertrages bildet aber allein das Versprechen des Patentinhabers, von seinem Verbietungsrecht dem Licenznehmer gegenüber keinen Gebrauch machen zu wollen. So lange das Patent besteht, hat der Patentinhaber auch die rechtliche Befugnis, dem Licenznehmer zu gewähren, was er ihm versprochen hat. Das einmal erteilte Patent, und damit das Verbietungsrecht, kann aber auch bestehen und besteht sehr häufig — solange bis Jemand die gewerbliche Verwertbarkeit durch eine Nichtigkeitsklage [erfolgreich] bestritten hat — ohne daß die patentierte Erfindung wirklich gewerblich verwertbar ist. Die gewerbliche Verwertbarkeit ist daher keine stillschweigende Bedingung des Licenzvertrages und der Mangel derselben giebt dem Licenznehmer nicht das Recht, unter Berufung auf Irrtum von dem Vertrage zurückzutreten; sein Irrtum über die Verwertbarkeit ist nur ein Irrtum im Beweggrunde, kein Irrtum über den Vertragsgegenstand. — Selbst wenn die Vergütung, die der Patentinhaber nach dem Licenzvertrage erhält, nicht eine feste Rente ist, sondern nur eine Gewinnprämie darstellt, ist die Übernahme der gewerblichen Ausbeutung eines Patentes immer noch ein mit Verlustgefahr verbundenes Spekulationsgeschäft. Denn der Licenznehmer muß die Kosten für Darstellung und Inverkehrbringen aufwenden, und die gewerbliche Verwertung kann dann trotz aller sinnreichen Eigenschaften der Erfindung fehlschlagen.

„Wer die Ausbeutung eines Patentes übernimmt weiß dieses, oder muß es doch wissen; und will er die Gefahr überhaupt nicht oder doch nicht allein tragen, so mag er bei Abschluß des Vertrages die ihm erforderlich erscheinenden Kautelen vereinbaren. Der Licenzvertrag als solcher bietet keine rechtliche Handhabe, dem Licenznehmer beim Mislingen der Spekulation zu Hilfe zu kommen.“

[1] Abgedruckt Entscheid. Bd. 33. S. 103f.

Eine Verpflichtung des Licenzgebers, den rechtlichen Bestand oder die gewerbliche Verwertbarkeit seiner patentierten Erfindung zu gewährleisten, besteht also auch in Deutschland nicht.

Es erübrigt nun noch eine Erörterung darüber, ob der Licenzgeber dem Licenznehmer zur Verfolgung von Patentverletzern verpflichtet ist; doch wird über diese Frage besser an anderer Stelle im Zusammenhang mit der nach der rechtlichen Stellung des Licenznehmers Dritten gegenüber zu handeln sein. [Unten S. 35ff.].

§ 14. Rechte des Licenznehmers.

Wie zu Beginn des vorhergehenden Paragraphen ausgeführt, besteht die einzige Leistung, zu der sich der Patentinhaber verpflichtet, wenn er einen Licenzvertrag abschließt, in seinem Versprechen, dem Licenznehmer gegenüber von dem ihm zustehenden Verbietungsrechte keinen Gebrauch zu machen. Entspricht dieser Verpflichtung ein selbständiges Recht des Licenznehmers, oder hat sie für ihn nur die Bedeutung der Befreiung von einer Prohibitivschranke? —

Nach der Ansicht von Kohler [Patentrecht, S. 157] ist das erstere der Fall. Kohler meint nämlich, daß das Recht des Licenzberechtigten ein quasidingliches sei, analog dem Rechte desjenigen, der über ein fremdes Grundstück gehen dürfe, aber keinem verbieten dürfe, ebenfalls zu gehen. Ebenso habe der Licenzberechtigte ein Recht der nicht ausschließlichen Ausübung. Kohler wendet sich dann weiter gegen die von Klostermann und Anderen vertretene Auffassung, daß die Licenz nur die Prohibitivschranke des Patentrechtes aufhebe und nur dem Licenzberechtigten denjenigen freien Gebrauch gestatte, welchen er ohne das Verbietungsrecht des Patentinhabers haben würde. Diese Konstruktion gehe von der falschen Anschauung aus, als sei ein natürliches Recht eines Jeden auf die Erfindungsbenutzung gegeben, dem durch die Patenterteilung nur künstliche Schranken gesetzt seien, welche durch die Licenz dem Licenzberechtigten gegenüber aufgehoben würden. Im Gegenteil sei während der Patentdauer überhaupt kein Ausübungsrecht der Anderen, also auch kein künstlich beschränktes gegeben; erlangten sie dasselbe, so erlangten sie es nur vom Patentberechtigten, ebenso wie der Servitutenberechtigte sein Recht direkt vom Eigentümer ableite.

Es soll nach Kohlers Ansicht der Erfinder „Eigentümer" seiner patentierten Erfindung sein. Stellt man dann diesen Eigentümer mit dem Eigentümer einer Sache gleich, so ergiebt sich die Kohlersche Konstruktion der Licenz als eines vom Rechte des

„Eigentümers“ abgeleiteten dinglichen Benutzungsrechtes sehr einfach. Man muß aber doch bedenken, daß man das Wort „Eigentum“, wenn man es in dem Sinne eines geistigen, künstlerischen Eigentums anwendet, in einem durchaus unjuristischen Sinne nimmt, um z. B. auszudrücken, daß der Erfinder allein das Verfügungsrecht über seine Erfindung haben und daß kein Anderer ungerechtfertigter Weise Vermögensvorteile davon ziehen soll.[1] Wenn diese Verwendung des Wortes „Eigentum“ ja auch in vielen Fällen sehr bequem ist, so ist es doch nicht unbedenklich, darauf die juristische Konstruktion der Licenz aufzubauen.

Außerdem ist auch das sogen. Erfinderrecht, was dem Erfinder, der die Gesamtheit um eine nützliche Erfindung bereichert hat, den Anspruch auf staatlichen Schutz für seine Erfindung auf eine gewisse Zeit als Entgelt für seine der Allgemeinheit vorteilhafte Leistung geben soll, und womit die Berechtigung des Patentschutzes begründet wird, nicht viel mehr als ein schöner Gedanke. Denn das Patent wird ja bei uns im Princip gar nicht dem Erfinder, sondern dem ersten Anmelder erteilt [s. o. § 4]. Und bei der jetzt herrschenden Ansicht, daß der Angestellte für seinen Geschäftsherrn erfindet, ist es in sehr vielen Fällen in der That auch gar nicht der Erfinder, der das Patent erhält.

Vielmehr stellt sich in Wirklichkeit das Patent als ein Monopol dar, das der Staat dem, der eine Erfindung anmeldet, zu erteilen verspricht, um die Erfinderthätigkeit anzuspornen und damit die Industrie zu heben;[2] denn das ist ja unleugbar, daß unter einem Patentgesetze die Industrie sich viel mehr entwickelt, als ohne ein solches. „Der materielle Geist eines Volkes wird sich nur dann auf gewerbliche Erfindungen werfen, wenn für den Erfinder ein großer Gewinn in Aussicht steht“.[3]

Gegen die Kohlersche Ansicht wendet sich auch das schon mehrfach citierte Urteil des Reichsgerichts vom 17. Dezember 1886:[4] „Vor allem ist der rechtliche Charakter des sogen. Licenzvertrages festzustellen. Dieser besteht nicht in der Übertragung einer Art dinglichen Rechtes an der patentierten Erfindung, sondern, wie im § 11 Ziff. 2 des Patentgesetzes gesagt ist, in der dem Anderen erteilten Erlaubnis zur Benutzung der Erfindung. Dessen Inhalt bilden der Verzicht des Patentinhabers auf den Einspruch gegen die Benutzung der Erfindung durch den Licenzträger und sodann

---

[1] Stobbe, Deutsches Privatrecht. 2. Aufl. Bd. 2. S. 55.

[2] Ob dabei immer der wirkliche Erfinder den Lohn erhält, ist von diesem Gesichtspunkt aus gleichgültig.

[3] Königs a. a. O. S. 92.

[4] Entscheidungen, Bd. 17. S. 54.

die Teilnahme des letzteren an der Ausschließung Dritter, soweit der Patentinhaber sich zum Schutze gegen die Benutzung des Patentes durch Andere verpflichtet hat. Zu dieser herrschenden und im Gesetze begründeten Auffassung von der rechtlichen Bedeutung der Licenz muß man auch dann gelangen, wenn man das Recht an der Erfindung als ein immaterielles Eigentum auffaßt; denn der Licenzträger erlangt weder eine über die Ausübung der Erfindung hinausgehende Einwirkung auf dieses Gut, noch irgend einen einem quasidinglichen Rechte entsprechenden Besitz, noch ein eigenes Schutzrecht gegen dritte Personen, es besteht vielmehr nur ein obligatorisches Verhältnis zwischen ihm und dem Patentinhaber."

Dieser Ansicht des Reichsgerichts hat sich auch Robolski (S. 232) angeschlossen.

Neuerdings hat nun Reichsgerichtsrat Bolze [bei Gruchot Bd. 39. S. 2ff.] sich gegen die in dem eben citierten Urteil aufgestellte Ansicht gewendet, daß den Inhalt des Licenzvertrages an sich allein der Verzicht des Patentinhabers auf den Einspruch gegen die Benutzung der Erfindung durch den Licenzträger bilde. Er sagt S. 2: „Indessen so einfach liegt die Sache nicht, daß sich der Licenzvertrag unter den Gesichtspunkt eines pactum de non petendo oder eines ähnlichen Verzichtes bringen ließe." Er sagt dann weiter, das Verführerische dieser Ansicht liege darin, daß die Erfindung durch die Patentierung offenkundig geworden und damit der Anschein erweckt sei, als liege dieselbe zum Zugriffe für Jedermann offen, wenn nur erst das dem Patentinhaber erteilte Verbietungsrecht gefallen sei.

Diese Offenkundigkeit sei nun aber erst eine Folge der Anmeldung und die Veröffentlichung geschehe doch nur, damit der Erfinder oder Anmelder den Patentschutz erhalte, und durch die Forderung des Patents verwahre er sich gerade gegen eine Preisgabe seiner Erfindung. Wenn man dies berücksichtige, müsse man einsehen, daß einerseits das Recht des Erfinders oder Anmelders einen positiven Inhalt habe und daß andererseits der Licenzvertrag nicht in einem Verzicht auf das Verbietungsrecht aufgehe. Denn wenn der Erfinder seine Erfindung als Fabrikgeheimnis bewahrt hätte, anstatt sie durch die Anmeldung zu veröffentlichen, so würde er durch Mitteilung des Geheimnisses an den Licenzträger diesem zweifellos das wirtschaftliche Gut der Erfindung zur Benutzung gewährt haben.[1] „Da er durch die Patentierung zugleich

[1] Das Bewahren der Erfindung als Fabrikgeheimnis ist übrigens eine recht zweischneidige Waffe. In der chemischen Großindustrie insbesondere wird man heutzutage dieses Mittel so leicht nicht mehr wählen. Man denke

mit der Offenbarung das ausschließliche Recht zur Ausnutzung erlangt und so die thatsächliche Offenbarung rechtlich unschädlich gemacht hat: so ist die Einräumung einer rechtlichen Befugnis, die patentierte Erfindung zu benutzen, nicht weniger die Gewährung eines positiven Vorteils an den Licenzträger."

Damit spricht Bolze Anschauungen aus, die sich mit der im amerikanischen Recht gebräuchlichen Unterscheidung von zwei selbständigen Bestandteilen in dem „Eigentum an der patentierten Erfindung", nämlich dem „Eigentum an der Erfindung selbst", d. h. dem Benutzungsrecht [Invention], und dem Verbietungsrecht [Monopoly] sehr nahe berühren. Nur daß in Amerika der erste Bestandteil nicht mit dem Augenblick des Bekanntwerdens ohne weiteres als ausschließliches Recht verschwindet, wie bei uns, sondern der Erfinder noch ein Patent auf seine Erfindung erhalten kann, wenn sie schon zwei Jahre in öffentlichem Gebrauche ist. [Vgl. oben § 4]. Bei uns indes, wo mit der offenkundigen Benutzung die Möglichkeit der Patentierung verschwunden ist, steht das sogen. Recht des Erfinders auf ausschließliche Benutzung seiner geheim gehaltenen Erfindung auf recht schwachen Füßen. In dem Augenblicke, wo das Geheimnis bekannt wird, ist auch das ausschließliche „Recht" des Erfinders verschwunden und ebenso dessen vermeintlicher positiver Inhalt, der nach Bolze auf den Licenzträger übergehen soll.

Auch dadurch, daß dem Erfinder ein Patent auf seine Erfindung erteilt wird, erhält das Erfinderrecht einen „positiven Inhalt", an dem nach Analogie einer Sache eine Art dingliches Recht bestellt werden könnte, nicht. Damit soll nicht geleugnet sein, daß die Benutzung der Erfindung durch das staatlich gewährte Monopol ein sehr wichtiges „wirtschaftliches Gut" darstellt, an dessen Vorteilen auch Andere Teil haben können.[1] Aber ein reales Substrat, welches

nur an die großen Unternehmungen, die mit den Kräften einer großen Zahl von Chemikern und zwar sehr häufig auf demselben Gebiet arbeiten. Wie leicht kommt es da vor, daß von zwei Konkurrenzfirmen nahezu gleichzeitig dasselbe Verfahren, z. B. zur Darstellung eines Farbstoffes gefunden wird. Ein geringes Zögern nur der einen mit der Anmeldung zum Patent kann bewirken, daß die andere (die das Verfahren später gefunden hat) ihr zuvorkommt und ihr so die Früchte ihrer Arbeit zerstört, oder wenigstens bedeutend schmälert.

[1] Der Umstand, daß durch eine Licenz der Licenznehmer eben Anteil an diesem oft sehr bedeutenden wirtschaftlichen Gut erhält, ist der Grund dafür, daß man sich unwilkürlich dagegen sträubt, in rechtlicher Beziehung die Licenz als einen bloßen Verzicht des Licenzgebers, nicht als die Übertragung eines selbständigen Rechtes auf den Licenznehmer aufzufassen. Man darf sich aber durch dieses Gefühl nicht verleiten lassen, den thatsächlichen wirtschaftlichen Erfolg für einen rechtlichen zu halten.

die Bestellung irgend eines der aus der Pandektenlehre geläufigen dinglichen Rechte ermöglichen würde, bildet auch das durch § 4 Pat. Ges. gewährleistete ausschließliche Benutzungsrecht nicht. Das dem Patentinhaber danach zustehende Recht ist [wie schon oben § 2 ausgeführt] seine ausschließliche Befugnis, „den Gegenstand der Erfindung gewerbsmäßig herzustellen“ etc., woraus sich als notwendige Ergänzung sein Verbietungsrecht Dritten gegenüber ergiebt. Erteilt er nun einem Anderen trotzdem eine „Erlaubnis zur Benutzung der Erfindung“, so heißt das eben, daß er von seinem „Recht aus dem Patent“ diesem gegenüber keinen Gebrauch machen, die Wirkungen desselben gegen ihn ausschalten will.[1] Sein ausschließliches Benutzungsrecht will er dem Licenznehmer nicht übertragen. Aber — wie das oben citierte Reichsgerichtsurteil zutreffend ausführt — auch keine über die Ausübung der Erfindung hinausgehende Einwirkung auf das „Recht an der Erfindung“ [besser wohl „Recht aus dem Patent“, denn in dieses hat sich das sogen. Recht an der Erfindung durch Erteilung des Patentes verwandelt], oder irgend ein einem quasidinglichen Rechte entsprechender Besitz oder ein eigenes Schutzrecht gegen dritte Personen wird durch den Licenzvertrag übertragen, sondern derselbe hat zum Inhalt nur einen Verzicht des Patentinhabers, durch welchen der Licenznehmer einen Anspruch gegenüber dem Patentinhaber erhält, daß dieser in Zukunft von seinem Verbietungsrechte ihm gegenüber keinen Gebrauch mache.

Indes kann man doch nicht mit dem citierten Urteile weiter sagen, daß der Licenzvertrag darum ein rein obligatorisches Verhältnis zwischen den Kontrahenten erzeuge. Dieser reine Verzicht, ohne Übertragung irgend eines den aus der Pandektenlehre geläufigen dinglichen Rechten verwandten Rechtes, muß eine Art dinglichen Charakter haben, er muß nicht nur für die Gesamt-, sondern auch für die Sonderrechtsnachfolger des Licenzgebers[2] gültig sein, sonst wird auch das dem Licenznehmer gewährte „wirtschaftliche Gut der Erfindung“ zu einem bloßen Schatten eines solchen. Denn was nützt dem Licenznehmer eine Licenz, für die er vielleicht schon große Summen aufgewendet hat, wenn ihm dieselbe jeden Augenblick entzogen werden kann? Wenn z. B. der Licenznehmer schon angefangen hat zu produzieren, so kann er dann mit einem Male seine Lagerbestände nicht mehr verkaufen.

---

[1] Auch § 5, Abs. 1, Pat. Ges., der von demjenigen spricht, der „zur Zeit der Anmeldung bereits im Inlande die Erfindung in Benutzung genommen hat,“ sagt in Übereinstimmung mit der obigen Darlegung: „Die Wirkung des Patentes tritt“ gegen diesen „nicht ein.“

[2] Im Prinzip stimmt auch Bolze [a. a. O. S. 1.] hiermit überein.

Oder er hat eben eine kostspielige Fabrik errichtet und schon Lieferungsverträge abgeschlossen, da erscheint ein neuer Inhaber des Patentes und verbietet ihm dessen Benutzung.

Läßt man dagegen die andere Auffassung gelten, daß die einmal erteilte Licenz auch dem späteren Erwerber des Patentes gegenüber wirksam sein soll, so kann es dem bona fide Erwerber ja auch sehr peinlich sein, wenn er plötzlich entdeckt, daß schon Licenzen erteilt sind, aber solche Überraschungen sind doch für ihn nicht von so einschneidender Wirkung und er kann sich gegen dieselben leichter schützen, als im umgekehrten Falle der Licenznehmer, der ja ganz machtlos gegenüber dem neuen Inhaber ist.[1]

Man könnte die Lage des Licenznehmers ja auch dadurch zu bessern suchen, daß man ihm nach Analogie der für die Sachmiete geltenden Grundsätze,[2] wenn er an der Benutzung der patentierten Erfindung durch den Singularsuccessor seines Licenzgebers gehindert wird, eine Schadensersatzklage gegen seinen Kontrahenten gäbe.

L. 25. § 1. D. Locati, conducti, 19. 2:

Qui fundum fruendum vel habitationem alicui locavit, si aliqua ex causa fundum vel aedes vendat, curare debet, ut apud emtorem quoque eadem pactione et colono frui, et inquilino habitare liceat; alioquin prohibitus is aget cum eo ex conducto.

Indes viel geholfen wäre dem Licenznehmer dadurch nicht, denn statt der gewinnbringenden ruhigen Benutzung einer patentierten Erfindung hätte er dann einen langwierigen Prozeß zu führen, dessen Erfolg immer noch zweifelhaft wäre.

Man wird vielleicht entgegenhalten: „das ist ein merkwürdiges Gebilde, ein Vertrag, durch den kein dingliches Recht übertragen wird, und der doch dingliche Wirkungen haben soll!“ Aber man muß dabei bedenken, daß es überhaupt sehr schwierig sein würde, eine dem Licenzvertrag analoge Vertragskategorie im römischen Rechte aufzufinden, denn derselbe ist ein Vertrag, dem ein reales Substrat, die körperliche Sache fehlt — während die römischen dinglichen Verträge alle ein solches haben[3] — der wohl „Analogien

---

[1] Vgl. hierzu auch die Ausführungen von Seligsohn N. 9 zu § 6.

[2] Vgl. Windscheid, Pandekten. 7. Aufl. Bd. 2. § 400.

[3] Vgl. Dernburg, Pandekten. 2. Aufl. Bd. 1. § 22. „Dinglich sind die Rechte, welche uns eine körperliche Sache unmittelbar unterwerfen.“ Ibid. Anm. 8 zu § 249: „Im Grunde fragt es sich, ob die dinglichen Rechte an fremden Sachen — — nur an körperlichen Sachen möglich sind, oder ob sie auch an Rechten bestehen können. — Das moderne Recht nun kennt Gerechtigkeiten, welche wie Immobilien behandelt werden, z. B. Bergwerksgerechtigkeiten. An ihnen kommen zweifellos Reallasten, Nießbrauchsrechte vor. Begrifflich „unmöglich“ kann also das Recht am Rechte nicht sein. Eine

mit einzelnen Typen der aus der Pandektenlehre her bekannten Vertragskategorien zeigt, sich aber mit keiner derselben decken kann, da ein Rechtsschutz immaterieller Güter im römischen Recht höchstens in Anwendung der actio iniuriarum ohne Ausbildung einer objektiven Rechtskategorie stattfand.“[1] Vergleiche auch Stobbe:[2] „die Urheberrechte sind eine besondere Art von Privatrechten, welche sich weder unter die Kategorieen des Sachenrechtes, noch des Obligationenrechtes bringen lassen.“

Eine Reichsgerichtsentscheidung ist zu der Frage bis jetzt noch nicht ergangen, ebensowenig wie eine gesetzliche Regelung der Sache stattgefunden hat.[3] Bei der Beantwortung der Frage sind deshalb — wie Seligsohn a. a. O. treffend ausführt — vor allem die Interessen der Industrie und des Verkehrs zu berücksichtigen. In den beteiligten Kreisen herrscht jedenfalls die hier vorgetragene Anschauung, daß eine mit solcher dinglichen Wirkung erteilte Licenz rechtsgültig ist, der spätere Erwerber des Patentes also alle vorher erteilten Licenzen gegen sich gelten lassen muß. Freilich versteht sich diese Wirkung nicht von selbst, sie muß ausdrücklich im Vertrage stipuliert sein. Wie mir mitgeteilt wurde, wird die Bestimmung, daß die Licenz gegen alle Rechtsnachfolger des Erteilers wirken soll, selbst bei ganz sicheren Aktien-Gesellschaften in den Vertrag aufgenommen. Die Frage ist übrigens, wenn ich nicht irre, bei uns zuerst von großer Bedeutung geworden, als eine unserer größten chemischen Fabriken, die jetzigen „Farbwerke vormals Meister, Lucius und Brüning“ zu Höchst a. Main, in das Eigentum einer Aktien-Gesellschaft überging.

Daß auch nach den ausländischen Rechten der Erwerber eines Patentes vorher erteilte Licenzen gegen sich gelten lassen muß, wurde schon weiter oben hervorgehoben.

Darüber, daß der Licenznehmer die ihm erteilte Licenz vererben und veräußern kann, herrscht in der deutschen Litteratur fast allgemeine Übereinstimmung. Es ergiebt sich dies ja auch ohne weiteres, da die Licenz für den Licenznehmer einen Anspruch gegen

andere Frage ist, ob das römische Recht derartige Rechte an Rechten kennt. Dies ist nicht nachweisbar. Dies Recht beschränkt die dinglichen Rechte auf körperliche Sachen.“

[1] Urteil des Oberlandesgerichts Frankfurt a. M. vom 10. Juli 1895. U. I. 49/94.

[2] Deutsches Privatrecht. 2. Aufl. Bd. 3. S. 8.

[3] Die gesetzliche Regelung würde vielleicht durch die Bestimmung am besten erreicht werden, daß ein in die Patentrolle eingetragener Verzicht des Patentinhabers auf sein Untersagungsrecht [also die eingetragene Licenz] auch seinem Sonderrechtsnachfolger gegenüber wirksam sein solle.

den Patentinhaber darstellt, daß dieser von seinem Verbietungsrecht ihm gegenüber keinen Gebrauch mache. Dieser Anspruch muß als vermögensrechtlicher auch übertragbar sein. Es braucht dies nicht einmal im Vertrage stipuliert zu werden, denn mangels einer gegenteiligen Bestimmung gilt nach der herrschenden Ansicht die Licenz für vererblich und veräußerlich. Ist dieselbe für ein bestimmtes Etablissement erteilt, so ist sie nur zusammen mit diesem übertragbar. Ausdrückliche Abmachungen, welche die Übertragung ausschließen, sind zulässig. Vgl. Kohler S. 158; Rosenthal S. 117; Robolski S. 233; Seligsohn S. 77.

Nach amerikanischem und englischem Rechte gilt die Licenz dagegen im Zweifel als nicht übertragbar.[1] Nach französischem Recht ist sie vererblich und kann zusammen mit dem Etablissement, für welches sie erteilt ist, auch veräußert werden.[2] Vertragsbestimmungen, welche die Übertragung ausdrücklich gestatten, sind nach allen drei Rechten zulässig.

Nach den bisherigen Erörterungen erhält der Licenznehmer nicht irgend ein dingliches Recht an der patentierten Erfindung, keine über die Ausübung der Erfindung hinausgehende Einwirkung auf dieselbe, also auch, wie das oben citierte Reichsgerichtsurteil ausführt, nicht „ein eigenes Schutzrecht gegen dritte Personen.“ Benutzt demnach ein Dritter, ohne Licenznehmer zu sein, die patentierte Erfindung, so kann der Licenznehmer, so unangenehm und schädlich eine solche Störung für ihn auch sein mag, nicht gegen den Verletzer vorgehen, es bleibt ihm nur übrig, Anzeige beim Patentinhaber zu machen. Ob dieser dann seinerseits gegen den Verletzer mit Verbot event. Verletzungsklage vorgehen will, ist, falls er sich dem Licenznehmer nicht ausdrücklich zur Verfolgung verpflichtet hat, völlig in seine Willkür gestellt. Es ist dies nur eine logische Folgerung aus der, wie oben § 12 ausgeführt, herrschenden Anschauung, daß der Licenznehmer durch Erteilung einer Licenz nicht gehindert wird, dieselbe Licenz auch noch so und so vielen Anderen zu erteilen. Der Licenznehmer kann doch einem anscheinenden Patentverletzer gar nicht ansehen, ob er nicht auch eine Licenz hat; und wenn das nicht der Fall, wie kann er wissen, ob die Thätigkeit des Verletzers dem Patentinhaber nicht bekannt ist und er trotzdem nicht gegen ihn einschreiten will? Kann dieser

---

[1] Vgl. für das amerikanische Recht: Robinson l. c. Vol. II. § 823. – G. et Ch. Howson, A Brief Treatise on United States Patents. Philadelphia 1876. p. 120.

Für das englische: Edmunds, The Law and Practice of Letters Patent etc. p. 203.

[2] Vgl. Pouillet l. c. 285. Allart l. c. 251.

dem fraglichen Verletzer, anstatt in Form einer ausdrücklichen Erteilung einer Licenz, nicht durch einfaches Dulden der Benutzung die Erlaubnis dazu geben wollen? Warum soll man dann eine Verfolgung eines solchen Benutzers durch den Licenznehmer erst zulassen, wenn doch ein Wort des Patentinhabers genügt, der Klage des Licenzträgers gegen den Verletzer sofort den Boden zu entziehen?

Wenn es also theoretisch als völliger Widerspruch erscheinen würde, einerseits dem Licenzgeber in Beziehung auf Erteilung weiterer Licenzen freie Hand zu lassen, und andererseits dem Licenzträger ein selbständiges Recht zuzugestehen, jeden anscheinenden Patentverletzer zu verfolgen, so hält man doch den Standpunkt, daß der Licenznehmer gar keinen Einfluß auf die Verfolgung von Verletzern hat, in der Praxis nicht immer fest, vielmehr wird häufig in den Verträgen dem Licenznehmer ein gewisser Einfluß auf die Verfolgung eingeräumt. Es finden sich in der Praxis folgende drei verschiedene Formen von Abmachungen über die Verfolgung von Patentverletzern:

Die erste ist die soeben als die logischste bezeichnete und im Zweifelsfalle als beabsichtigt anzunehmende, daß der Licenzträger die Verletzer dem Patentinhaber nur anzeigen kann, ohne daß dieser zur Verfolgung verpflichtet wäre.

Die beiden anderen suchen den Licenznehmer besser zu stellen, sodaß er vor einer etwaigen chikanösen Weigerung des Patentinhabers, zu verfolgen, gesichert ist.

Nach der zweiten ist der Patentinhaber auf die Anzeige des Licenznehmers zur Verfolgung verpflichtet, aber dieser muß sich als Nebenintervenient) an dem Prozesse beteiligen und die Kosten desselben mit tragen. Letztere Bestimmung ist getroffen, um frivolen Denunziationen seitens des Licenznehmers vorzubeugen.

Nach der dritten muß der Patentinhaber, wenn er selbst [insbesondere aus Gründen privater Natur] keine Klage gegen den angezeigten Verletzer anstellen will, dem Licenznehmer zum Behufe der Klaganstellung pro forma das Patent auf Rückübertragung übertragen. In diesem wohl selteneren Falle wird es dann noch genauerer Abmachungen über das Verhältnis von Patentinhaber und Licenznehmer für die Zeit bedürfen, während welcher das Patent auf den Letzteren übertragen ist.

Dafür daß der Licenznehmer auf Grund des Licenzvertrages gegen Dritte nicht reagieren kann, vergleiche auch Rosenthal S. 138, Robolski S. 232, Seligsohn S. 78.

Hat sich der Patentinhaber gegenüber dem Licenznehmer zu eventueller Verfolgung von Patentverletzern ausdrücklich verpflichtet, so macht er sich, wenn er dieser Verpflichtung nicht nachkommt, dem Licenznehmer schadensersatzpflichtig.

In Frankreich hat, wie schon oben § 6 ausgeführt, der bloße Licenznehmer kein Recht zur Verfolgung von Patentverletzern. Greift also eine Patentverletzung Platz, so kann der Licenznehmer weiter nichts thun, als dieselbe dem Patentinhaber anzeigen, damit dieser auf gütlichem Wege, oder im Wege des Prozesses die Störung beseitigt. Nun kann auf diese Anzeige, wenn das wirklich der Fall ist, der Patentinhaber erwidern: der vermeintliche Verletzer ist ebenfalls ein Licenznehmer, also ist gar kein Beschwerdegrund vorhanden. Nicht aber kann er sagen: ich will die Verletzung dulden und so dem Verletzer stillschweigend eine Licenz erteilen. Denn wenn die Licenzerteilung auch keiner besonderen Form bedarf, so muß sie nach französischer Auffassung doch ernsthaft sein, um dem sich beschwerenden Licenzträger entgegengehalten werden zu können.

Wenn sich nun der Patentinhaber ohne einen gesetzlichen Grund weigert, gegen einen ihm vom Licenznehmer angezeigten Patentverletzer vorzugehen, so kann ihn dieser zwar weder dazu zwingen, noch an seiner Statt selbst handeln, wohl aber kann er entweder Vertragsauflösung oder Schadensersatz beanspruchen. Der letztere Weg muß ihm, wie Allart [257] ausführt, offen stehen, denn sonst hätte der Patentinhaber ein bequemes Mittel, um sich von einem ihm unbequemen Licenzvertrage zu befreien. Er könnte dann einfach durch Duldung von Verletzungen den Licenznehmer dazu bringen, selbst die Auflösung eines Vertrages zu verlangen, der ihm vielleicht viel nützlicher ist, als dem Patentinhaber.

Auch für das amerikanische Recht — wo es ja ausgeschlossen ist, daß ein Licenznehmer gegen Dritte vorgeht — findet sich bei Robinson [II. § 819] die Bemerkung, daß der Licenzgeber verpflichtet ist, den Licenznehmer gegen Patentverletzer zu schützen: If the licensee fulfils the conditions of the license, he is entitled — — to be protected by the licensor against the violation of his rights by others. Corresponding to this right of the licensee is the duty of the licensor not to permit others to use gratuitously the privilege for whose enjoyment the licensee is compelled to pay, and to prosecute infringers whenever their wrongful acts become injurious to the licensee.

Wenn nach dem oben § 13 citierten Urteil des Reichsgerichts vom 17. Dezember 1886 es keineswegs zu den Naturalien eines Licenzvertrages gehört, daß der Patentinhaber verpflichtet ist, erst nach der Licenzerteilung gemachte und geheim gehaltene Erfindungen dem Licenznehmer zur Benutzung mitzuteilen, so wird ebensowenig es ein Naturale desselben sein, daß dem Licenznehmer ohne weiteres die Benutzung von später genommenen Zusatzpatenten zusteht; anders als im französischen Patentgesetz, dessen Art. 22 ja ausdrücklich eine dahingehende Bestimmung enthält. In die meisten deutschen Verträge wird deshalb auch ausdrücklich die Bestimmung aufgenommen, daß der Licenznehmer einen Anspruch hat, etwaige Zusatzpatente entweder zu den gleichen Bedingungen wie das Hauptpatent, oder auch unentgeltlich zu benutzen. Ebenso auch nicht durch Zusatzpatente geschützte Neuerungen und Verbesserungen. Auch findet sich wohl die Bestimmung, daß, wenn ein späterer Licenznehmer günstigere Bedingungen, als der jetzt kontrahierende, erhält, dann dieser jenem gleichgestellt werden soll.

§ 15. Pflichten des Licenznehmers.

Die hauptsächlichste Verpflichtung ist in den meisten Fällen die Zahlung einer Vergütung. Nur im Fall der gegenseitigen Licenzerteilung werden die Licenzen häufig gegeben ohne, daß sich der Licenznehmer zur Zahlung einer Vergütung in Baar verpflichtet. Das heißt, dann ist eben die von A dem B erteilte Licenz auf das Patent des A die Gegenleistung für die von B dem A gegebene Licenz auf das Patent des B. In Wirklichkeit liegt dann also keine unentgeltliche Licenz, sondern eine Art Tauschvertrag vor. Man spricht in den beteiligten Kreisen dann auch wohl von ausgetauschten Licenzen.

Die Art der gezahlten Vergütung ist je nach dem einzelnen Falle sehr verschieden. Zuweilen, aber selten, besteht sie in einer einmal gezahlten größeren Summe. Meist wird eine fortlaufende Gebühr bezahlt. Oder es wird beides vereinigt, eine einmalige größere Zahlung zu Anfang und dann fortlaufende Gebühren; wobei dann wohl auch die fortlaufenden Gebühren auf die einmalige Zahlung aufgerechnet werden, bis die Höhe derselben erreicht ist. Wie mir der langjährige Leiter einer unserer größten chemischen Fabriken mitteilte, hatte er es in seiner Praxis als praktischste Form der Vergütung gefunden, wenn zuerst bei Abschluß des Vertrages eine größere Summe gezahlt wurde, dann nach Beginn der Fabrikation des durch das Patent geschützten Artikels eine zweite größere Summe und hierauf eine fortlaufende Gebühr. Die fortlaufende Gebühr wird nun in der verschiedensten Weise berechnet. Bei Maschinen, Geräten und sonstigen Gebrauchsmitteln wird ein bestimmter Betrag für jedes verkaufte Stück bezahlt. Oder es wird die Gebühr auch nach Prozenten des Fakturenbetrages, des Reingewinnes festgesetzt. Bei chemischen Körpern wird eine Abgabe für jedes verkaufte Kilogramm erhoben. Ist ein niedrigster Verkaufspreis festgesetzt für jedes Stück, Kilogramm u. dgl., so wird die Gebühr in Prozenten dieses niedrigsten Preises berechnet. Überhaupt wird mit dem Licenzvertrag häufig zugleich ein Vertrag über die Verkaufspreise geschlossen. Es ist ratsam, diesen Verkaufsvertrag nicht mit dem Licenzvertrag zu verbinden, da die Preisvereinbarungen häufig nach der jeweiligen Lage des Marktes verändert werden müssen.

Wird eine fortlaufende Gebühr in einer der eben beschriebenen Formen bezahlt, so muß der Licenznehmer häufig ein Gebührenminimum pro Jahr garantieren; dabei wird dann meist ausgemacht, daß dieses Minimum reduziert wird im Falle eines Krieges, eines Streiks oder überhaupt einer die Fabrikation hindernden höheren Gewalt, bezw., daß für die Dauer derartiger Ereignisse der Licenznehmer von der Zahlung einer Abgabe befreit wird.

Über die Fabrikation und den Verkauf der unter Benutzung des Patents hergestellten Gegenstände hat der Licenznehmer besondere Bücher zu führen, deren Einsichtnahme dem Licenzgeber zusteht, wie dies schon oben § 12 bemerkt wurde.

An der Zahlung der Patenttaxen wird der Licenznehmer nie beteiligt. In einem der mir vorliegenden Verträge fand sich in Beziehung auf die Taxen eine sehr praktische Bestimmung. Es handelte sich um gegenseitige Licenzerteilung zwischen mehreren Firmen, die je Inhaber mehrerer Patente waren. Die Bestimmung lautete nun dahin, daß immer jede Firma ihre Kontrahenten gewisse Zeit vor der Fälligkeit ihrer Taxen an deren Zahlung erinnern sollte, wodurch also eine möglichst große Garantie gegen ein Verfallen der Patente wegen Nichtzahlung der Taxen geboten war.

Nach amerikanischem und auch nach englischem Recht[1] ist der Licenznehmer während der Dauer des Vertrages nicht berechtigt, irgend welche Schritte gegen das Patent zu thun, insbesondere darf er es nicht als nichtig angreifen. Er kann aber, falls nicht das Gegenteil im Vertrage ausdrücklich bestimmt ist, erklären, daß er auf die Licenz verzichte und sich bei der weiteren Benutzung des Patentes darauf stützen, daß das Patent nichtig sei. Er kann dann der Klage wegen Patentverletzung die Einrede der Nichtigkeit entgegensetzen, da in England und Amerika für Verletzungs- und Nichtigkeitsklagen dieselben Gerichtshöfe zuständig sind. Es mag hier übrigens bemerkt sein, daß in Amerika, anders als in Deutschland, die gerichtliche Nichtigkeitserklärung auf das Bestehen des

---

[1] Für das amerikanische vgl. Robinson II. § 820, für das englische Agnew p. 237f.

Patentes gar keine Einwirkung hat, vielmehr nur zwischen den Parteien und deren Rechtsnachfolgern wirkt. Das Patent bleibt Dritten gegenüber solange bestehen, bis es abgelaufen ist, [Title LX, Rev. Stat. Sec. 4918].

Es wird für den Licenzgeber empfehlenswert sein, eine dem amerikanischen und englischen Recht entsprechende Bestimmung in den Vertrag aufzunehmen, welche die Verpflichtung des Licenznehmers ausspricht, keine feindseligen Handlungen gegen das Patent vorzunehmen.

§ 16. Der Licenzvertrag und die Nichtigkeitserklärung des Patentes.

Eine Stelle giebt es, wo sich die Analogie des Mietvertrages für den Licenzvertrag gut verwerten läßt. Wird während der Dauer des Licenzvertrages das Patent für nichtig erklärt, auf das die Licenz erteilt ist, so haben wir einen Fall, auf welchen sich entsprechende Grundsätze anwenden lassen, wie sie im Falle des Unterganges der Mietsache maßgebend sind.

Durch Untergang der Mietsache oder durch Verhinderung des Gebrauches derselben infolge höherer Gewalt wird der Vermieter in die Unmöglichkeit versetzt, dem Mieter noch ferner die Benutzung des Gegenstandes des Vertrages zu gewähren. Ebenso tritt durch die Nichtigkeitserklärung für den Licenzgeber die Unmöglichkeit ein, noch weiterhin zu leisten, was den Gegenstand des Vertrages gebildet hatte, nämlich dem Licenznehmer die Benutzung der Erfindung zu gestatten, indem er ihm gegenüber von seinem Verbietungsrecht keinen Gebrauch macht; denn mit Untergang des Patentes ist auch dieses Verbietungsrecht untergegangen. Der Licenznehmer ist also, wie der Mieter, zu einer weiteren Zahlung des vertragsmäßigen Entgeltes nicht mehr verpflichtet.

L. 30. § 1. l. 33. D. Locati, conducti 19, 2.

Freilich liegt ja der Vergleichspunkt — abgesehen von der Ähnlichkeit des von dem Mieter und von dem Licenznehmer gezahlten Entgeltes — nur in der Unmöglichkeit der weiteren vertragsmäßigen Leistung; damit ist die Gleichheit der Verhältnisse auch zu Ende, denn der faktische Erfolg ist bei beiden der entgegengesetzte: Die Benutzung der Mietsache ist durch den Untergang derselben unmöglich geworden, während die Benutzung der patentierten Erfindung durch die Nichtigkeitserklärung erst recht möglich geworden ist.

Stimmt nun die Analogie des Mietvertrages auch nach der anderen Seite hin, daß der Mieter bis zum Untergange der Sache, oder bis zu einer aus anderem Grunde auf Seiten des Vermieters ohne dessen Verschulden eingetretenen Unmöglichkeit der Leistung zur Zahlung des vertragsmäßigen Entgeltes verpflichtet ist?

L. 9. § 1. D. Locati, conducti 19, 2.

Man wird nicht umhin können, auch diesen Grundsatz vom Mietvertrage auf den Licenzvertrag anzuwenden, denn bis zur Nichtigkeitserklärung hat der Patentinhaber seinerseits geleistet, wozu er verpflichtet war. Er hat von dem ihm durch Verleihung des Patentes erteilten Verbietungsrechte keinen Gebrauch gemacht und so dem Licenznehmer die Benutzung der durch das erteilte Patent geschützten Erfindung gestattet. Daß das Patent zu Unrecht erteilt war, ändert an dem faktischen Verhältnis nichts. Der Licenznehmer konnte, mag nun das Patent zu Recht bestanden haben oder nicht, bis zur Nichtigkeitserklärung die patentierte Erfindung nicht benutzen, da der Patentinhaber bis dahin in der Lage war, die Benutzung Jedem, also auch dem Licenznehmer zu verbieten. Erlaubte ihm nun der Patentinhaber die Benutzung derselben, indem er sich verpflichtete, von seinem Untersagungsrecht ihm gegenüber keinen Gebrauch zu machen, so gewährte er ihm zugleich Anteil an dem durch das Monopol geschaffenen wirtschaftlichen Gut; und dies konnte er bis zur Nichtigkeitserklärung gewähren, denn bis dahin bestand thatsächlich das staatlich erteilte Monopol. Durch die Nichtigkeitserklärung wird wohl z. B. die Verfolgung von begangenen Patentverletzungen unmöglich gemacht, denn ein nichtiges Patent kann auch nicht verletzt worden sein, nicht aber wird dadurch der Schutz, der für die Erfindung thatsächlich bestanden hat, nachträglich wieder aufgehoben. Und dieser thatsächliche Schutz ist es doch gewesen, der für den Licenznehmer die Benutzung der Erfindung so wertvoll gemacht hat, daß er sich deshalb zur Zahlung der Gebühr verpflichtet hat. Also wird man ganz unbedenklich den Schluß ziehen können, daß falls der Licenzgeber in bona fide war, er auch Anspruch auf Zahlung der vereinbarten Vergütung bis zur Nichtigkeitserklärung des Patentes hat.

Wie steht es nun, wenn — was übrigens der seltenere Fall — statt einer fortlaufenden Gebühr als Vergütung für die Licenz eine einmalige größere Summe gezahlt worden ist? Kann man auch hier den vom Mietvertrag entlehnten Satz anwenden, daß bei vorausbezahltem Entgelt, im Falle des vorzeitigen Unterganges der Sache, ein der Zeit, für welche die Benutzung unmöglich geworden war, entsprechender Betrag zurückgefordert werden könne?

L. 19. § 6. l. 30. § 1. D. h. t.

Diese Frage dürfte in verneinendem Sinne zu entscheiden sein. Daß ein Patent für nichtig erklärt werden kann, muß sich Jeder, der einen Licenzvertrag abschließt, sagen. Zahlte er trotzdem dem Patentinhaber für seinen Verzicht auf das Untersagungsrecht ihm gegenüber ohne Vorbehalt eine einmalige größere Summe, so wird man daraus den Schluß ziehen müssen, daß er das Risiko, was darin liegt, auch wirklich hat übernehmen wollen, weil ihm so viel daran gelegen war, eine Licenz zu erhalten.

Derselben Meinung, wenn auch aus anderen Gründen, ist auch Schall:[1] es handele sich bei der Licenz nur um einen einmaligen Verzicht des Patentinhabers, an welchen er allerdings dauernd gebunden bleibe, und es sei eine ganz künstliche Fiktion, sich den Verzicht in jedem Augenblicke während der ganzen Patentdauer wiederholt zu denken. Deshalb könne auch die Gegenleistung für diesen einmaligen Verzicht später nicht zurückgefordert werden. —

Es ist ja völlig richtig, daß der Verzicht nur einmal ausgesprochen zu werden braucht. Aber die Fiktion der fortwährenden Wiederholung ist gar nicht nötig, um sich den Verzicht des Patentinhabers als eine Art fortlaufender Leistung zu denken, denn die Wirkungen des einmaligen Verzichtes, die darin bestehen, daß der Licenznehmer nicht in der Ausübung der patentierten Erfindung gestört wird, laufen doch während der ganzen Dauer des Vertrages fort.

Übrigens hat die ganze Frage, wieweit die Nichtigkeitserklärung auf den Licenzvertrag einwirkt, die aus Anlaß der noch gleich zuerwähnenden Mitscherlich-Prozesse sehr lebhaft erörtert worden ist, heute bei weitem nicht mehr die Bedeutung, als wie vor Erlaß des Patentgesetzes vom 7. April 1891.

Denn nach § 28 Abs. 3 dieses Gesetzes ist die Stellung des zur Einleitung des Nichtigkeitsverfahrens nötigen Antrages im Falle des § 10. Nr. 1. [Nichtigkeitserklärung wegen mangelnder Patentfähigkeit] nach Ablauf von fünf Jahren nach der Bekanntmachung der Erteilung des Patentes nicht mehr statthaft, und das Patent somit unanfechtbar geworden, soweit die Anfechtung nicht darauf gestützt wird, daß die Erfindung schon Gegenstand des Patentes eines früheren Anmelders, oder einem Anderen entwendet ist [§ 10. Nr. 2 u. 3]. Beide Fälle werden wohl verhältnismäßig selten vorkommen und besonders nicht häufig erst nach fünf Jahren vorgebracht werden. In der Praxis spricht man deshalb auch allgemein von dem nach fünf Jahren „infallibelen“ Patente.

Der Patentinhaber wird nun, wenn er etwa eine Nichtigkeitsklage fürchtet, die ersten fünf Jahre die Verletzungen durch Andere dulden und erst nach Ablauf derselben gegen seine Gegner vorgehen,

[1] Archiv für zivil. Praxis. Bd. 72. S. 128ff.

wo ihm dann diese nicht einmal mehr die Einrede der Nichtigkeit entgegensetzen können.[1]

Die beiden maßgebenden höchstrichterlichen Entscheidungen sind im Sinne der hier vorgetragenen Auffassung ergangen. Es sind dies das Urteil des Reichsoberhandelsgerichts vom 25. März 1876,[2] und das bekannte des Reichsgerichts[3] vom 17. Dezember 1886. Aus letzterem mag hier noch der folgende Satz citiert werden:

Die Nichtigkeitserklärung „hat in Bezug auf den Licenzvertrag zunächst und, wenn nichts weiteres feststeht, nur die Folge, daß nunmehr der unmittelbare Gegenstand des Vertrages weggefallen und der Promittent außerstande ist, die vertragsmäßigen Leistungen weiter zu gewähren“, sodaß er, da er „seinerseits nicht mehr zu leisten vermag, auch den Anspruch auf die Gegenleistung verliert“.

Der Prozeß, der dem eben citierten Urteil zu Grunde lag, war der erste in der auch heute noch nicht abgeschlossenen Reihe von Prozessen, welche der Professor Alexander Mitscherlich in Freiburg i. B. gegen die Käufer seines Celluloseverfahrens geführt hat und noch führt. Die Verträge, welche Mitscherlich mit seinen Kontrahenten abgeschlossen hat, enthielten zwei rechtlich zu unterscheidende Bestandteile. Der eine Bestandteil war ein Licenzvertrag über den am 28. Oktober 1884 für nichtig erklärten Anspruch eins des Patents 4179, soweit er auf die „Gewinnung von Cellulose als Nebenprodukt“ lautete; der andere Bestandteil war ein Vertrag über die Mitteilung eines Geheim-Verfahrens. Leider muß ich mir versagen auf die sehr interessanten durch diese Prozesse angeregten Fragen des näheren einzugehen,[4] da dieselben außerhalb des Rahmens dieser Arbeit liegen, und kann die in diesen Prozessen ergangenen Reichsgerichtsurteile nur soweit berücksichtigen, als sie sich auf die Frage der Wirkung der Nichtigkeitserklärung auf den Licenzvertrag beziehen. In dieser Beziehung hat nun das Reichsgericht stetig an seiner ersten Ansicht festgehalten, daß bis zur Nichtigkeitserklärung der Patentinhaber auch einen Anspruch auf die vom Licenznehmer versprochene Gegenleistung hat, und daß mit der Nichtigkeitserklärung dieser Anspruch erlischt. Voraussetzung ist dabei immer, daß sich der Licenzgeber bei Eingehung des Vertrages in gutem Glauben über die Patentfähigkeit seiner Erfindung befunden hat. Etwaige mala fides des Licenzgebers würde der Licenznehmer zu beweisen haben.

---

[1] Seligsohn N. 6 zu § 28.

[2] Abgedruckt in dessen Entscheidungen. Bd. 19. S. 404ff.

[3] Entscheidungen. Bd. 17. S. 54ff.

[4] Eine übersichtliche Darstellung derselben findet sich in der Abhandlung von Schall, „die Prozesse des Professors Dr. A. Mitscherlich gegen die Käufer seines Celluloseverfahrens“. Stuttgart 1892.

Es handelt sich hauptsächlich um folgende Reichsgerichtsurteile:
Urteil des III. Civilsenats vom 22. Februar 1887.[1]
Urteil des VI. Civilsenats vom 28. Mai 1888.[2]
Urteil des II. Civilsenats vom 24. Februar 1891.[3]

Ist aber von den Kontrahenten im Vertrage ausdrücklich ausgemacht, daß die Licenzgebühr auch nach einer etwaigen Nichtigkeitserklärung für die Dauer des Vertrages weiter zu zahlen ist, so hat es dabei sein Bewenden. Vgl. die Entscheidung des Reichsgerichts, I. Civilsenat vom 23. September 1891 in Sachen Steinbock gegen Mitscherlich I. 144/91.

§ 17. **Schluß.**

Wir haben als Ergebnis der vorliegenden Ausführungen folgendes festzustellen:

Den rechtlichen Inhalt des Licenzvertrages bildet der Verzicht des Licenzgebers auf das ihm zustehende Verbietungsrecht gegenüber dem Licenznehmer. Dieser Verzicht wirkt nicht nur gegen die Gesamt-, sondern auch gegen die Sonderrechtsnachfolger des Licenzgebers. Der dem Licenznehmer infolge dieses Verzichtes zustehende Anspruch auf von Seiten des Licenzgebers nicht gestörte Benutzung der patentierten Erfindung ist vererblich und veräußerlich. Ein Recht des Licenznehmers auf Verbot, bezw. Verfolgung von Patentverletzungen wird durch den Licenzvertrag nicht begründet.

Es mögen noch einige Worte über die wirtschaftliche Bedeutung der Licenzerteilung hinzugefügt werden. Ein großer Teil der patentierten Erfindungen betrifft Neuerungen an allen möglichen Arten von Maschinen. Eine einzige Maschine steht häufig unter dem Schutz vieler Patente. Der Erfinder z. B. irgend eines sehr praktischen und vorteilhaften Ventiles für Dampfmaschinen ist in den meisten Fällen gar nicht in der Lage, seine Erfindung selbstthätig zu verwerten. Erteilt er dagegen einer Anzahl Fabrikanten Licenzen auf sein Patent, so kann er auf diese Art großen Nutzen von seiner patentierten Erfindung ziehen.

So hat das Licenzwesen in der mechanischen Industrie eine sehr große Ausdehnung.

Aber auch in der chemischen Industrie spielen Licenzen eine ziemlich große Rolle. Besonders infolge des Instituts der sogen. Abhängigkeitspatente. Es erhält z. B. ein Fabrikant ein Patent

---

[1] Bolze, Praxis. Bd. 4. Nr. 745. [III. 239/86.]
[2] Bolze, Bd. 6. Nr. 578. [VI. 79/88.]
[3] Bolze, Bd. 11. Nr. 414. [II. 274/90.]

auf ein Verfahren zur Darstellung irgend eines sehr wertvollen neuen Farbstoffes. Das Ausgangsmaterial zu diesem Farbstoffe steht jedoch unter dem Schutze eines einem anderen Fabrikanten gehörenden Patentes. Das neue Patent wird nun erteilt, aber in Abhängigkeit von dem älteren.[1] Will der Fabrikant jetzt sein Patent verwerten, so muß er eine Licenz von dem Inhaber des anderen Patentes zu erlangen suchen. Eine Licenz wird ja oft unter angemessenen Bedingungen erteilt werden. Häufig aber entwickelt sich die Sache auch zu einem wirtschaftlichen Machtkampfe, in dem der wirtschaftlich schwächere Licenzsucher unterliegt, indem er sich viel zu schwere Bedingungen gefallen lassen muß, um überhaupt sein Patent verwerten zu können.

Als Abhülfe für diesen Fall ist der § 11 Ziff. 2 des Patentgesetzes gedacht. Danach kann nach Ablauf von drei Jahren, von dem Tag der Bekanntmachung der Erteilung des Patentes an gerechnet, dasselbe zurückgenommen werden, „wenn im öffentlichen Interesse die Erteilung der Erlaubnis zur Benutzung der Erfindung an andere geboten erscheint, der Patentinhaber aber gleichwohl sich weigert, diese Erlaubnis gegen angemessene Vergütung und genügende Sicherstellung zu erteilen.“ Durch diese Bestimmung soll ein Licenzzwang eingeführt werden. Dieselbe ist indes so dehnbar — man denke nur an die Worte „öffentliches Interesse“ und „angemessene Vergütung“ —, daß im konkreten Falle die Aussichten der Zurücknahmeklage sehr unbestimmt sind und dem Licenzsucher deshalb mit dieser Bestimmung nicht allzuviel geholfen ist. Es scheint dies auch die Anschauung der Praxis zu sein. Wenigstens kommt eine solche Zurücknahmeklage nur sehr selten vor.

[1] Die Frage, ob ein Patent abhängig sein kann, ohne daß es bei der Erteilung als solches bezeichnet worden ist, kann hier unberücksichtigt bleiben.

Verlag von VEIT & COMP. in Leipzig.

Die Gesetzgebung des Deutschen Reiches

auf dem Gebiete

des bürgerlichen und socialen Rechtes

mit Ausschluß der

handels-, wechsel- und seerechtlichen, sowie der in der Reichsstrafgesetzgebung und in den Reichsjustizgesetzen enthaltenen Bestimmungen.

Für die Praxis und den akademischen Gebrauch

zusammengestellt von

Dr. jur. **Emil Sehling,**

ord. Prof. der Rechte an der Universität Erlangen.

Zweite, umgearbeitete Auflage.

8. 1894. gebunden in Ganzleinen 5 ℳ.

In chronologischer Übersicht wird hier ein wesentlicher Teil der Reichsgesetzgebung, derjenige, welcher vorzugsweise der Ergänzung und Abänderung unterworfen gewesen ist, dargestellt. Von den ersten Gesetzen des Norddeutschen Bundes bis zum Ende des Jahres 1893 wird Jahr für Jahr mit seinem Inhalt an neuer gesetzgeberischer Produktion vorgeführt, jedoch so, daß der Stoff jedes einzelnen Gegenstandes konzentriert ist und an einem einzigen zeitlichen Punkte der ganze Stand der heutigen Gesetzgebung über die Materie zu finden ist. So ist beispielshalber „die Gewerbeordnung“ nach der Redaktion vom 1. Juli 1883 unter diesem Tage wiedergegeben; die voraufgehenden Gesetzgebungsakte sind kurz erwähnt, und der Leser wird auf das Gesetz vom 1. Juli 1883 verwiesen; dagegen sind die später nachfolgenden aus den Jahren 1884—1893 dem Gesetze vom 1. Juli 1883 einverleibt, und es wird dann unter ihrem Datum darauf zurückverwiesen. — Die Ergänzungen und Abänderungen sind, um sie sofort als solche kenntlich zu machen, durch lateinische Schrift hervorgehoben.

Da bei den **Prüfungen für das erste juristische Examen** besonderer Nachdruck auf die Kenntnis der Reichsgesetze gelegt wird, so ist die Sehlingsche Sammlung *den Kandidaten zur Vorbereitung fast unentbehrlich*; es giebt kein anderes Werk, das den in zahlreichen Jahrgängen des Reichsgesetzblattes u. s. w. zerstreuten Teil der Reichsgesetzgebung in gleich übersichtlicher Weise zusammenfaßt und so eine zuverlässige Orientierung ermöglicht.

Druck von Metzger & Wittig in Leipzig.

Nach der für die Leipziger Juristenfakultät bestehenden Promotionsordnung ist die Drucklegung der Dissertation keine Vorbedingung der Promotion, und die Fakultät hat die Überzeugung, daß eine Prüfungsarbeit gut und ein vollgültiges Zeugnis der wissenschaftlichen Bildung ihres Verfassers sein kann, ohne daß ihr der allgemeine Wert zukommt, welcher ihre Veröffentlichung wünschenswert macht.

Doch hat die Fakultät es stets als einen Übelstand empfunden, daß eine nicht unbedeutende Zahl von ihr approbierter Dissertationen, welche die Wissenschaft fördern, theils gar nicht zum Druck gelangen, theils ohne Bezeichnung ihrer Eigenschaft als Doktorschrift veröffentlicht worden sind. Daher ist die Einrichtung getroffen worden, daß derartige Dissertationen unter den Auspizien der Fakultät veröffentlicht werden können. Die Thätigkeit der Fakultät wird sich dabei auf die Feststellung der Druckwürdigkeit beschränken; sie übernimmt keine Verantwortung für den Inhalt im Einzelnen.

Die Arbeiten erscheinen in selbständigen Heften und sind einzeln verkäuflich.

Leipzig, im Juli 1893.

Die juristische Fakultät:
Dr. J. E. Kuntze,
d. z. Dekan.

Kolibri 360 GmbH
Ferdinand-Jühlke-Straße 7
99095 Erfurt, Deutschland
produktsicherheit@kolibri360.de